研究阐释党的二十大精神丛书

上海市哲学社会科学规划办公室
上海市习近平新时代中国特色社会主义思想研究中心 | 编

新时代人民城市建设发展的理论与实践

李琪 汪仲启 等 ⊙ 著

上海人民出版社

出版前言

党的二十大是在全党全国各族人民迈上全面建设社会主义现代化国家新征程、向第二个百年奋斗目标进军的关键时刻召开的一次十分重要的大会。这次大会系统总结了过去5年的工作和新时代10年的伟大变革，阐述了开辟马克思主义中国化时代化新境界、中国式现代化的中国特色和本质要求等重大问题，对全面建设社会主义现代化国家、全面推进中华民族伟大复兴进行了战略谋划，对统筹推进“五位一体”总体布局、协调推进“四个全面”战略布局作出了全面部署，在党和国家历史上具有重大而深远的意义。

为全面学习、全面把握、全面落实党的二十大精神，深刻揭示党的创新理论蕴含的理论逻辑、历史逻辑、实践逻辑，在中共上海市委宣传部的指导下，上海市哲学社会科学规划办公室以设立专项研究课题的形式，与上海市习近平新时代中国特色社会主义思想研究中心、上海市中国特色社会主义理论体系研究中心联合组织了“研究阐释党的二十大精神丛书”（以下简称丛书）的研究和撰写。丛书紧紧围绕强国建设、民族复兴这一主题，聚焦习近平新时代中国特色社会主义思想，聚焦新时代党中央治国理政的伟大实践，力求对党的创新理论进行学理性研究、系统性阐释，对党的二十大作出的重大战略举措进行理论概括和分析，对上海先行探索社会主义现代化的路径和规律、勇当中国式现代化的开路先锋进行理论总结和提炼，体现了全市理论工作者高度的思想自觉、政治自觉、理论自觉、历史自觉、行动自觉。丛书由上海人民出版社编辑出版。

丛书围绕党的二十大提出的新思想新观点新论断开展研究阐释，分领域涉及“第二个结合”实现之路、中国式现代化道路、五个必由之路、中国共产党的自我革命、斗争精神与本领养成、国家创新体系效能提升、中国特色世界水平的现代教育探索、人民城市规划建设治理、超大城市全过程人民民主发展、数字空间安全、长三角一体化发展示范区等内容，既有宏观思考，也有中观分析；既有理论阐述，也有对策研究；既有现实视野，也有前瞻思维。可以说，丛书为学习贯彻习近平新时代中国特色社会主义思想和党的二十大精神提供了坚实的学理支撑。

丛书的问世，离不开中共上海市委常委、宣传部部长、上海市习近平新时代中国特色社会主义思想研究中心主任、上海市中国特色社会主义理论体系研究中心主任赵嘉鸣的关心和支持，离不开市委宣传部副部长、上海市习近平新时代中国特色社会主义思想研究中心常务副主任、上海市中国特色社会主义理论体系研究中心常务副主任潘敏的具体指导。上海市哲学社会科学规划办公室李安方、吴净、王云飞、徐逸伦，市委宣传部理论处陈殷华、俞厚未、姚东、柳相宇，上海市习近平新时代中国特色社会主义思想研究中心叶柏荣等具体策划、组织；上海人民出版社编辑同志为丛书的出版付出了辛勤的劳动。

“全面建设社会主义现代化国家，是一项伟大而艰巨的事业，前途光明，任重道远。”希望丛书的问世，能够使广大读者加深对中华民族伟大复兴战略全局和世界百年未有之大变局、对中国共产党人更加艰巨的历史使命、对用新的伟大奋斗创造新的伟业的认识，能够坚定我们团结奋斗、开辟未来的信心。

目 录

序　言

党的二十大报告提出，坚持人民城市人民建、人民城市为人民，提高城市规划、建设、治理水平，加快转变超大特大城市发展方式，实施城市更新行动，加强城市基础设施建设，打造宜居、韧性、智慧城市。

习近平对于人民城市规划、建设、治理提出了一系列重要指示和论述，这些重要论述构成党的二十大报告相关表述的重要基础。他强调："考察一个城市首先看规划，规划科学是最大的效益，规划失误是最大的浪费，规划折腾是最大的忌讳。""要增强城市宜居性，引导调控城市规模，优化城市空间布局，加强市政基础设施建设，保护历史文化遗产。"2020 年 5 月，习近平指出："推进国家治理体系和治理能力现代化，必须抓好城市治理体系和治理能力现代化。"2019 年 11 月，习近平考察上海期间在杨浦滨江首次提出"人民城市人民建，人民城市为人民"的重要理念，深刻揭示城市属于人民、城市发展为了人民、城市建设和治理依靠人民的人民性，深刻阐明中国特色社会主义城市工作的价值取向、治理主体、目标导向、战略格局和方法路径，为推动新时代中国城市的建设发展治理、提高社会主义现代化国际大都市的治理能力指明方向。习近平明确指出，无论是城市规划还是城市建设，无论是新城区建设还是老城区改造，都要坚持以人民为中心，聚焦人民群众的需求，合理安排生产、生活、生态空间，走内涵式、集约型、绿色化的高质量发展路子，努力创造宜业、宜居、宜乐、宜游的良好环境，让人民有更多获得感，为人民创造更加幸福的美好生活。从习近平的相关论述来看，人民城市建设有着明确的着力点，其中既包括规划、建设、空间生产等“硬件建设”，也包括精细化管理、“两网”建设、全过程人民民主等“软治理”。概而言之，人民城市的规划、建设、治理（以下简称“人民城市的规划建设治理”）是一体协同、不可分割的一个整体。

人民城市建设作为一个涉及规划、建设、治理的系统工程，既包括“以人民为中心合理安排生产生活生态空间、创造宜业宜居宜乐宜游良好环境”的“硬治理”，也包括“打造全过程人民民主最佳实践地目标，牢固树立群众观念，畅通民意表达渠道，完善民主协商机制，汇聚共商共建共治的磅礴力量”的“软治理”。

文献研究表明，在政策上、理论上，人民城市规划建设治理之间存在协同一体、不可分割的整体性关系已经得到明确表述。但在实践上，如何打通人民城市规划建设治理之间的各种梗阻，真正实现协同推进、一体发展，在路径机制上尚不清晰，对于其中的瓶颈问题仍有深入研究的必要。因此，本书确定以“中国式现代化城市发展之路：人民城市规划建设治理研究”为题开展相关研究，具有重要的理论价值和现实意义。

要提高城市工作的系统性，必须统筹规划建设治理三大环节。在规划方面，事关城市发展的重大问题必须进行深入调研，事关城市风貌整体性、文脉延续性的地域环境、文化特色、建筑风格必须加以科学保护。在建设方面，严格遵照城市规划执行，一茬接着一茬干，一任接着一任干，避免大拆大建、乱拆乱建，防止换一届领导、改一次规划。在治理方面，既要管得住，也要服务得周全细致，彻底改变粗放型管理方式，让人民群众在城市生活得更方便、更舒心、更美好。

城市是人集中生活的地方，城市建设必须把让人民宜居安居放在首位，把最好的资源留给人民。上海始终将“人民至上”镌刻在城市建设治理的每个细节里，以不懈努力把“人人都有人生出彩机会、人人都能有序参与治理、人人都能享有品质生活、人人都能切实感受温度、人人都能拥有归属认同”的美好愿景化为人民城市规划建设治理新局面。

本书一是剖析影响人民城市规划建设治理协同发展和一体推进的瓶颈问题和深层因素，把握各个因素间的相互关系和作用机制；二是从理念、制度、政策、体制机制、具体举措等多层面与多方面，构建一套充分体现规划建设治理协同发展、一体推进的分析工具；三是聚焦城市旧改和更新领域，以此为例深入探究这方面工作的实际问题，并剖析其主要原因；四是提出规划建设治理协同发展和一体推进的政策建议，探寻中国式现代化城市发展之路。具体而言：

第一，阐述人民城市规划建设治理三方面协同发展、一体推进的理论内涵。城市规划建设治理协同发展和一体推进不仅是中国城市化进程中面临的重大问题，也是人类城市发展所必须遵循的普遍规律。但是理论上，推进人民城市三方面协同发展、一体推进的内涵和路径尚未得到充分研究。

第二，总结人民城市规划建设治理协同发展和一体推进的实践经验。在上海城市发展和社会治理方面多年的跟踪研究成果基础上，关注人民城市规划建设治理协同发展、一体推进在上海的主要表现和重点领域，课题组拟就宜居宜业的乐园、民生保障和改善的关键点和一流城市治理等内容进行系统的实践经验总结。

第三，聚焦具体领域，开展实证研究和案例分析。开展体现人民城市理念的旧城更新工作。上海自近代以来就是中国最大的城市，一百多年来留下许多有价值的老房子，从“拆改留并举，以拆为主”的旧城改造转向“留改拆并举，以保留保护为主”的城市更新，这些思路上的变化需要从各方面具体工作加以考量。现有的旧城改造经验和大规模工业化标准的同质化城市建设思路已不适用于当前上海的发展。本书拟在现有研究成果的基础上，通过深入的调查研究，把脉旧城更新工作中的薄弱环节，找出其影响人民城市建设的瓶颈问题，并剖析所存在问题的主要原因。由此，明确推进旧城更新工作中的重点难点；总结上海中心城区旧城更新的案例经验，提出能实现“人人都有人生出彩机会、人人都能有序参与治理、人人都能享有品质生活、人人都能切实感受温度、人人都能拥有归属认同”美好愿景的旧城更新模式。

本书尝试从新的视角深入研究党的二十大报告关于人民城市规划建

设治理重要论述的科学内涵、核心要义和逻辑体系。从三者“协同发展、一体推进”的分析框架和“硬治理”“软治理”相互结合的理论视角展开研究。聚焦上海人民城市建设的重点领域，从理念、制度、政策、体制机制、具体举措等多层面、多方面，构建一套充分体现规划建设治理协同发展、一体推进的分析工具，深入分析人民城市总体建设的科学路径。将理论与实践相结合，紧扣习近平有关重要论述和上海人民城市建设实践，既从理论上深刻阐明中国特色社会主义城市工作的价值取向、治理主体、目标导向等丰富内涵，又从实践上指明人民城市规划建设治理协同发展、一体推进的战略格局和方法路径，进而有益于推动新时代中国城市的建设发展、提高社会主义现代化国际大都市的治理能力。

理论阐释篇

改革开放以来，我国经历了世界历史上规模最大、速度最快的城镇化进程。城市发展波澜壮阔，伟大成就举世瞩目。短短几十年里，我国就从一个数千年来的“农业古国”，一跃而进入“城市时代”。党的二十大报告擘画了以中国式现代化全面推进中华民族伟大复兴的宏伟蓝图，进一步阐发了习近平所提出的人民城市重要理念，明确提出：“坚持人民城市人民建、人民城市为人民，提高城市规划、建设、治理水平，加快转变超大特大城市发展方式，实施城市更新行动，加强城市基础设施建设，打造宜居、韧性、智慧城市。”在这里，党中央业已指明了中国式现代化的城市发展之路，人民城市是中国特色的现代城市发展之路的必然归宿，提高城市规划、建设、治理水平则是新时代推进人民城市工作的必然要求。

从世界各国的现代化历史发展进程来看，发达国家用几百年时间走完工业化、城市化、现代化的进程，我国则要用数十年的时间来“强行军”，革命和建设、改革和开放、发展和转型、工业化城市化现代化等诸多使命叠加，大量的社会矛盾和问题聚合在有限的时空内亟待解决，这是我们党面临的重大时代课题。在党的十八大以来的十年奋斗历程中，以习近平同志为核心的党中央带领14亿人民群众自信自强、守正创新，踔厉奋发、勇毅前行，把新时代中国特色社会主义现代化建设不断推向前进，攻克了许多长期没有解决的难题，办成了许多事关长远的大事要事，推动党和国家事业取得举世瞩目的重大成就，为走出一条中国式的现代化之路从实践和理论两大方面进行了艰辛探索和富有成效的经验总结。正如报告中所指出，中国式现代化是中国共产党领导的社会主义现代化，既有各国现代化的共同特征，更有基于自己国情的中国特色。中国式现代化是人口规模巨大的现代化，是全体人民共同富裕的现代化，是物质文明和精神文明相协调的现代化，是人与自然和谐共生的现代化，是走和平发展道路的现代化。中国式现代化的本质要求是：坚持中国共产党的领导，坚持中国特色社会主义，实现高质量发展，发展全过程人民民主，丰富人民精神世界，实现全体人民共同富裕，促进人与自然和谐共生，推动构建人类命运共同体，创造人类文明新形态。

以提高城市规划建设治理水平、加快转变超大特大城市发展方式、打造宜居韧性的智慧型人民城市为目标任务的中国式现代化城市发展之路，实际上是中国式现代化本质要求和基本特征在现代化的主要载体——城市建设这一领域的集中体现。

中国特色社会主义建设发展进入新时代以来，习近平总书记对人民城市规划建设治理发展提出了一系列重要指示和论述。

2019年11月，习近平总书记考察上海期间在杨浦滨江首次提出“人民城市人民建，人民城市为人民”的重要理念，深刻揭示城市属于人民、城市发展为了人民、城市建设和治理依靠人民的人民性，深刻阐明中国特色社会主义城市工作的价值取向、治理主体、目标导向、战略格局和方法路径，为推动新时代中国城市的建设发展治理、提高社会主义现代化国际大都市的治理能力指明方向。总书记在谈到城市规划时指出：“考察一个城市首先看规划，规划科学是最大的效益，规划失误是最大的浪费，规划折腾是最大的忌讳。”“要增强城市宜居性，引导调控城市规模，优化城市空间布局，加强市政基础设施建设，保护历史文化遗产。”无论是城市规划还是城市建设，无论是新城区建设还是老城区改造，都要坚持以人民为中心，聚焦人民群众的需求，合理安排生产、生活、生态空间，走内涵式、集约型、绿色化的高质量发展路子，努力创造宜业、宜居、宜乐、宜游的良好环境，让人民有更多获得感，为人民创造更加幸福的美好生活。他在谈到城市治理时强调：“推进国家治理体系和治理能力现代化，必须抓好城市治理体系和治理能力现代化。”从总书记的相关论述来看，现代化的人民城市建设是一个涉及规划、建设、治理三位一体、有机统一的复杂系统工程，其中既包括规划、建设、空间生产等“硬件建设”，也包括精细化管理、“两网”建设、全过程人民民主等“软件建设”。

第一章

以人民城市建设铸就中国式现代化伟业的城市版本

当今时代是城市的时代，城市化是现代化的重要支撑和成果结晶。改革开放以来，我国经历了人类历史上规模最大、速度最快的城镇化进程。城市发展波澜壮阔，伟大成就举世瞩目。短短几十年里，我国就从一个数千年来的“农业古国”，一跃而进入“城市时代”。

第一节 城镇化是现代化的必由之路

习近平指出：“中国式现代化，是中国共产党领导的社会主义现代化，既有各国现代化的共同特征，更有基于自己国情的中国特色。”以工业化带动城市化，进而共同推动现代化是各国现代化的基本特征和历史逻辑。城市化在国家现代化进程中扮演重要的角色，起到关键性作用。历史已经证明，凡是实现现代化的国家和地区基本是实现工业化、完成城市化的国家和地区，几乎没有例外。目前，20 个现代化国家平均城市化率为 81.2%，其中，英国、日本城市化率甚至超过 90%。所以，习近平指出：“城镇化与工业化一道，是现代化的两大引擎。”当前，我国城市化率为 65.22%，预计到 2025 年将超过 70%，到 2050 年超过 80%。未来还有 1 亿农村人口转移到城市，城市人口将超过 10 亿。

这将为我国工业化提供丰富的劳动力资源，也将持续拉动经济增长。尽管如此，中国仍有 4 亿农村人口。所以，“我们一开始就没有提城市化，而是城镇化，目的就是促进城乡融合。”城镇化是中国式现代化的动力源，是扩大内需的最大潜力所在。城市是“财富的容器”。城市发展直接带动了整个经济社会发展。城市建设成为现代化建设的重要引擎。目前，城镇生产总值和固定资产投资的 90%、消费品零售总额的 85%，都来自城市。

城市是我国经济、政治、文化、社会等方面活动的中心，是现代化的重要载体，是实现人民对美好生活向往的重要依托。“城市工作在党和国家工作全局中举足轻重。”我们党历来重视城市工作。早在 1949 年 3 月，党的七届二中全会就提出把工作重心从乡村转移到城市的重要论断，并提出从乡村转移到城市后的工作思路和发展途径。毛泽东在报告中指出：“二中全会是城市工作会议，是历史转变点。”新中国成立后，结合时代特征和城市状况，1962 年、1963 年、1978 年、2015 年，中央先后召开了四次城市工作会议，提出切合城市发展的政策理论，推动城市工作的不断开展。

尤其是党的十八大以来，以习近平同志为核心的党中央高度重视城市工作，引领城市发展，城市治理取得显著成绩，为中国式现代化提供重要支撑。党的十八大以来的十余年，我国深入推进以人为核心的新型城镇化建设，并取得巨大成就，城镇建设和发展步入新阶段，区域发展更趋平衡。据统计，2021 年我国城镇常住人口 91425 万人，城镇化率达 64.7%。这意味着，城市业已成为我国经济、政治、文化、社会等方面活动的中心，在党和国家工作全局中具有举足轻重的地位。在这样的时代背景下，建设什么样的城市、怎样建设城市，已经成为中国共产党治国理政的根本性议题。

第二节　高度重视我国城市化过程中的问题

长期以来，西方国家将城市当作“增长机器”。在马克思恩格斯看来，城市构成资本主义生产方式得以确立和扩大的最初场所和理想环境，城市发展也确实成为资本主义现代化进程中的一个强劲的动力。在城市化的道路上，西方国家先行起步，但也普遍面临“贫民窟化”“阶级地域化”“城市衰败”等一系列难以治愈的“城市病”。正如波兰尼所说，随着资本主义在 19 世纪的兴起，经济已经成功地脱嵌于社会并开始支配社会。西方社会在走向现代化的过程中，一方面，物质财富飞速增长，但另一方面，也出现了日益严重的两极分化、个体走向极端原子化、人与人之间陷入残酷的恶性竞争、社会情感和社会信任遭到破坏等严重的问题。其本质，在于经济发展同人的普遍性需求出现了严重失衡。

国际经验表明，城镇化是自然的历史进程，基本按照工业化推动城市化的路径演进。然而，由于所遵循的发展逻辑不同，其结果也是迥然不同的。资本是工业化、城市化、现代化的重要驱动力。随着资本扩张和技术发展，一些工业城市的飞速发展加速欧美史无前例的城市化、现代化进程。但以资本为中心，把追求利益最大化的城市化道路，往往侧重物质积累、空间扩张，而忽视人的主体性、幸福感，常常带来许多负效应。首先，常现环境污染、生态破坏的“公地悲剧”。比如，从20世纪四五十年代的洛杉矶、伦敦烟雾事件再到2023年8月24日的日本核污染水排海行动，环境污染事件屡屡发生。其次，城市贫困、阶级对立随影而行，城市空间的非正义性、城市公共服务的差异性触目惊心。一边是高楼大厦、一边是水深火热，一边是灯火通明、一边是黑灯瞎火等两极分化现象日益凸显。比如，2021年美国奥斯汀上演电力供给的“双城记”、纽约的衰弱，以及巴西里约热内卢城市分化严重导致被迫迁都等，都是鲜明的例证。事实证明，资本逻辑偏离了城市化的正轨，背离了现代化的终极目标，难以回答“城市，让生活更美好”这一世界之问。习近平指出：城市化“如果顺势而为、妥善引导，会成为带动经济发展的持续动力，顺利跨越‘中等收入陷阱’；走的不好，也会到来诸多矛盾和问题，患上‘城市病’，影响现代化进程”。我们要高度警惕城市化道路偏差所带来的风险，道路绝不能走偏。

不可否认，我国城市化进程也面临一些问题，但“我国城市发展遇到的问题，既有特殊性，又有普遍性，也同我国所处的发展阶段有关”。值得注意的是，我国现代化同西方发达国家有很大不同，西方发达国家是一个“串联式”的发展过程，工业化、城镇化、农业现代化、信息化顺序发展，发展到目前水平用了二百多年时间。我们要后来居上，决定了我国发展必然是一个“并联式”的过程，工业化、信息化、城镇化、农业现代化是叠加发展的。也就是说，中国式现代化是赶超式的，具有后发者优势，可以总结先发者的经验和教训，更容易发现问题、补齐短板、填补漏洞，更加重视发展与生态保护的关系，更主动实现人和自然和谐共生。但这也决定了中国现代化将面临多重协调性、工作复杂性和任务艰巨性的挑战，城市发展和治理中的问题显得更加复杂。

另外，根据 1974 年联合国提出的城市化“S”形增长曲线理论，当城市化率为 25%—30%，城市化处于起步阶段，城市化速度加快；城市化为 60%—70% 之间，城市化处于加速发展阶段，但增速放缓；70% 以后进入稳定阶段。当前，我国城市化率为 65.22%，正处于城市化的中后期，呈现出“城镇化速度将从高速增长转向中高速增长”“城市发展将转向规模扩张和质量提升并重阶段”等特征，同时，存在“各种城市病有可能集中爆发”“社会矛盾触点多、燃点低，容易出现一些突发事件”“城市发展方式不足将逐步显现、边际效用递减，而资源环境成本和社会成本不断递增，迫切需要转变城市发展方式”等问题。

一是“城市病”普遍存在。“城市是一个生命体、有机体”，是一个复杂的巨系统，是一个脆弱性高度集聚的综合体。“如果你不科学地对待它，它会生病的。”随着城市快速扩张，大量流动人口涌入城市，加之缺乏对城市特质和发展规律的科学把握，城市基础设施、公共服务水平、城市管理能力等不适应城市化快速发展的需要，目前，空气污染、交通拥堵、出行难、停车难、垃圾围城、“城中看海”等“城市病”普遍存在，制约城市可持续发展。习近平总书记深刻指出：如果“一个地方弄得生活不便、交通不便、房价飙升、环境恶化，群众还有什么幸福感啊！”

二是城市风险挑战巨大。习近平指出：“平安是老百姓解决温饱之后的第一需求，是极重要的民生，也是最基本的发展环境。”安全是城市工作的“头等大事”。但从2014年的上海外滩踩踏事件到2015年天津港特别重大火灾爆炸事故，从2022年的长沙自建房倒塌事故到2023年的银川市烧烤店燃气爆炸事故，各类重特大事故时有发生，令人警醒。习近平深刻指出：“如果连安全工作都做不好，何谈让人民生活更美好?！”

三是城市治理的“城市病”见怪不怪。“目前一些城市管理是‘多龙治水’，造成一些管理乱象”，甚至一些视而不见、雾里看花、盲人摸象等现象也屡见不鲜。有些管理人员由于担心管理和协调的难度较大，虽明明发现问题却主动回避，不愿意不主动提供管理和服务；有些管理人员只看到事情的现象未看到本质，无法提供精准、精细的公共管理和公共服务，好似雾里看花；有些管理人员只看到事情的局部，不能够看到整体，只见树木，不见树林，好似盲人摸象，导致问题无法彻底解决，或解决了一个问题又冒出其他问题。

以上我国城市发展中存在的问题，如果长期得不到解决，就有可能演变成社会矛盾和问题。“对存在的问题，我们必须高度重视、积极探索、抓紧解决。”

第三节　走中国特色城市发展道路

我国城市化道路怎么走？怎样科学回答“城市，让生活更美好”这一世界之问、时代之问呢？这不仅是事关中国城市可持续发展的重大问题，也是事关中国式现代化光明前景的重大问题。习近平十分关心这一重大问题，并深刻指出：“如果城镇化目标正确、方向对头，能走出一条新路。”“如果城镇化路子走偏了，存在的问题得不到及时化解，则可能积重难返，带来巨大风险。”显然，以资本为中心的城市化并不适合中国。中国决不能亦步亦趋，必须走中国特色城市化发展道路，必须走出一条既能充分享受资本现代性的成果，又能把其负面效应控制在最低限度的中国式城市现代化新路。

马克思主义全部理论和实践的出发点是现实中的人，最终实现人的解放、自由和全面发展。马克思主义经典作家对于未来城市的设想是建立自由人的联合体，这同样也是未来城市发展的目标旨趣。城市发展过程将经过共产主义“两个阶段”和根除“三大差别”，才能从城市发展的一种状态发展到另外一种状态，从以私有制为基础的城市发展到以公有制为基础的城市，从一种城乡对立的城市发展到城乡融合的城市，从一种限制人全面自由发展的城市发展到实现人全面自由发展的城市。因此，社会主义的城市必然是以人民为中心的城市。

习近平指出，以人民为中心的发展思想，不是一个抽象的、玄奥的概念，而要体现在经济社会发展的各个环节。以人民为中心的发展思想，体现在城市工作上的结晶就是人民城市理论。中国特色的城市发展，应当以人民城市为根本指引，走出一条既体现中国特色、又符合城市建设规律，根本上以人民为中心的新路子。正如马克思所言，作为历史创造者，人类是社会发展的根本动力及历史进步的最终推动力量。人民城市理论是马克思主义中国化在城市领域的生动体现，验证了马克思主义“人民是历史的创造者”“整个所谓世界历史不外是通过人的劳动而诞生的过程”等观点。

人民逻辑才是中国式城市现代化的发展正道。坚持以人民为中心的发展思想，推进人民城市建设是“城市，让生活更美好”的理想变成现实的有效路径。我们要“坚持人民城市人民建，人民城市为人民”，“更好推进以人为核心的新型城镇化”，使城市更健康、更安全、更宜居，成为人民群众高品质生活的空间。基于以人民为中心的发展思想，走好中国特色城市发展道路，必须加强和改善党的领导，确保前进方向；必须坚守人民城市理念，强化价值引领；必须坚持“一个尊重，五个统筹”，推进城市可持续发展。

城市的核心是人。习近平在中央城市工作会议上强调：“做好城市工作，要顺应城市工作新形势、改革发展新要求、人民群众新期待，坚持以人民为中心的发展思想，坚持人民城市为人民。”他多次强调：“要更好推进以人为核心的城镇化，使城市更健康、更安全、更宜居，成为人民群众高品质生活的空间。”从“一江一河”岸线公共空间贯通提升，到成片二级旧里以下房屋彻底成为历史，一个个 15 分钟社区生活圈

“圈”出超大城市的便利和美好……一切都生动注解了这句话——“把最好的资源留给人民”。

国家“十三五”规划提出建设“新型城市”，“十四五”规划进一步明确“推进以人为核心的新型城镇化”。然而，对于二者具体内涵的阐释依然主要来自欧美国家的现代城市理念，如绿色城市、智慧城市、创新城市、人文城市、紧凑城市、海绵城市、韧性城市等，无法体现城市愿景的“中国特色”。作为中国特色社会主义国际化大都市，上海的城市发展具有重要的引领示范意义。习近平总书记多次对上海的城市发展提出殷切期望，要求上海坚持广大人民群众在城市建设和发展中的主体地位，探索具有中国特色、体现时代特征、彰显我国社会主义制度优势的超大城市发展之路。2019 年 11 月，习近平总书记考察上海期间在杨浦滨江首次提出“人民城市人民建，人民城市为人民”的重要理念，深刻揭示城市属于人民、城市发展为了人民、城市建设和治理依靠人民的人民性，深刻阐明中国特色社会主义城市工作的价值取向、治理主体、目标导向、战略格局和方法路径，为推动新时代中国城市的建设发展治理、提高社会主义现代化国际大都市的治理能力指明方向。作为一个新的城市发展理念，“人民城市”是中国共产党的宗旨、初心和使命的“城市版本”。“人民城市”重要理念，不仅是对上海城市工作的嘱托，也是对新时代中国城市建设、发展和治理的方向性、奠基性、系统性思考。

人类社会发展进程曲折起伏，各国探索现代化道路的历程充满艰辛。从世界各国的现代化历史发展进程来看，发达国家用几百年时间走完工业化、城市化、现代化的进程，我国则要用数十年的时间来“强行军”，革命和建设、改革和开放、发展和转型、工业化城市化现代化等诸多使命叠加，大量的社会矛盾和问题聚合在有限的时空内亟待解决，这是我们党面临的重大时代课题。

中国在走向现代化的过程中，应当避免出现类似西方现代化的严重失衡问题，走出一条既符合人类现代化一般规律，更体现中国特色的现代化新路。中国式现代化是人口规模巨大、全体人民共同富裕、物质文明和精神文明相协调、人与自然和谐共生、走和平发展道路的现代化。人口规模巨大，是中国式现代化的客观情境，而另外四大特征则集中指向“均衡性”这一核心要义。从价值目标来看，中国式现代化的最大特征就是“均衡”与“协调”，我们必须统筹好发展与治理的关系，让发展的成果惠及人民。

中国特色的城市发展，应当以人民城市为根本指引，走出一条既体现中国特色、又符合城市建设规律，根本上以人民为中心的新路子。正如马克思所言，作为历史创造者，人类是社会发展的根本动力以及历史进步的最终推动力量。人民城市理论是马克思主义中国化在城市领域的生动体现，验证了马克思主义“人民是历史的创造者”“整个所谓世界历史不外是通过人的劳动而诞生的过程”等观点。“人民城市”理念的提出，是对城市的政治和意识形态属性的强调，意味着政治向度城市观的回归。作为一个新的城市发展理念，“人民城市”是中国共产党的宗旨、初心和使命的“城市版本”。

在党的十八大以来的十年奋斗历程中，以习近平同志为核心的党中央带领14亿人民群众自信自强、守正创新，踔厉奋发、勇毅前行，把新时代中国特色社会主义现代化建设不断推向前进，中国式现代化伟大事业的“均衡性”和“协调性”方面有了突破性进展，攻克了许多长期没有解决的难题，办成了许多事关长远的大事要事，推动党和国家事业取得举世瞩目的重大成就，为走出一条中国式的现代化之路从实践和理论两大方面进行了艰辛探索和富有成效的经验总结。

人民城市建设，必须牢牢把握中国式现代化的基本特点。体现在城市工作上，就是必须走出一条符合中国特色的城市发展之路。习近平在浦东开发开放30周年庆祝大会上的讲话时指出，要坚持广大人民群众在城市建设和发展中的主体地位，探索具有中国特色、体现时代特征、彰显我国社会主义制度优势的超大城市发展之路。社会主义中国的城市空间规划，应当避免资本主义城市的“阶级地域化”和“城市贫民窟”问题，应当将空间公平作为社会公平的基础；避免城市极端贫困和两极分化，坚持“房子是用来住的”作为空间生产的基本原则加以贯彻，以空间正义奠定共同富裕、可持续发展和共荣共生的基础。社会主义的城市规划还应当将建设高品质、人性化的公共空间作为重要的追求目标，构建宜居、宜业、宜学、宜游的生活空间，在包容性中彰显城市温度。社会主义城市不能以牺牲环境为代价，追求单纯的经济利益。城市建设应当将良好的生态环境作为基本公共产品提供给人民，提高民生福祉和生活质量。人民城市还应当推动落后空间转型，构建高质量发展格局。例如杨浦滨江从昔日“工业锈带”变身今日“生活秀带”，本质上是空间形态从单纯的经济性向“三生融合”（生产、生态、生活）的转变。科学改造滨江空间，滨江改造将其作为开放的公共空间“还给人民”，促进了人民共融共享，打造开放共享的公共休闲活动场所，践行了人民城市理念。

第二章

在现代化新征程上开创人民城市建设新局面

城市工作的出发点一定要站准，落脚点一定要站好，不能搞偏。这个出发点和落脚点就是坚持人民城市理念。人民城市理念是党的初心使命在城市工作中的具体体现。人民城市理念的提出，不仅打破了资本驱动模式的神话，破除了城市化的西方话语霸权，而且创立了价值驱动新模式，构建了中国式城市现代化的理论基础，成为中国特色城市发展道路上的航标和灯塔。

第一节　人民城市重要理念的发展演进

2019 年 11 月 2 日，习近平在杨浦滨江考察时提出“人民城市是人民的城市，人民城市为人民”的重要表述，2020 年 11 月 12 日，在浦东开发开放 30 周年庆祝大会上的讲话，他进一步阐释了这一表述的内涵。

但实际上，人民城市重要理念是习近平对于城市工作长期思考与探索的结晶。早在 1992 年 1 月 24 日，他在《处理好城市建设中八个关系》一文中鲜明提出：“广泛宣传‘人民城市人民建、人民城市人民管’。”这是习近平鲜明提出“人民城市”理论概念的较早的一篇文献。

2015年12月20日，在中央城市工作会议上，习近平总书记在“人民城市人民建、人民城市人民管”的基础上，他首次公开提出：“坚持以人民为中心的发展思想，坚持人民城市为人民。这是我们做好城市工作的出发点和落脚点。”这是人民城市理念形成过程中的一大标志性事件。后来“人民城市人民管”就很少提，这其实体现了城市管理向城市治理模式的重大转变。习近平总书记深刻指出：“治理和管理一字之差，体现的是系统治理、依法治理、源头治理、综合施策。”

2019年11月，习近平总书记考察上海期间提出“人民城市人民建，人民城市为人民”重要理念后，2020年11月，他在浦东开发开放30周年庆祝大会上的讲话（以下简称《讲话》）中进一步明确提出要“提高城市治理现代化水平、开创人民城市建设新局面”，对浦东和上海在服从服务“中华民族伟大复兴战略全局、世界百年未有之大变局”两个大局与新发展格局的新的历史方位上，努力开创人民城市建设发展治理的新局面、新境界作出深刻阐述，为进一步阐明“中国特色社会主义为什么好”、探索新时代中国特色社会主义现代化超大规模人民城市建设发展之路提供了根本遵循。2022年10月16日，在党的二十大上，他再次明确要“坚持人民城市人民建、人民城市为人民。提高城市规划、建设、治理水平，加快转变超大特大城市发展方式，实施城市更新行动，加强城市基础设施建设，打造宜居、韧性、智慧城市”，对新时代中国城市发展作出整体部署与系统要求，并为人民城市理念的进一步系统化、理论化指明了方向，明晰了轮廓。人民城市理念正式上升为新时代中国城市发展的指导思想。

第二节　人民城市重要理念的丰富内涵

从人民城市重要理念的思想来源来看，党的十八大以来，习近平总书记多次在对中国特色社会主义的根本特征、伟大成就和优越性的系统论析中，总结并阐明“中国特色社会主义为什么好”的道理，强调要深刻领会中国特色社会主义是党和人民长期实践取得的根本成就，是党和人民团结、奋进、胜利的旗帜。道路决定命运。中国特色社会主义道路是实现我国社会主义现代化的必由之路，是创造人民美好生活的必由之路。当前，中国特色社会主义发展进入新时代，我们党领导中国人民坚持走中国特色社会主义道路，立足社会主义初级阶段基本国情，以经济建设为中心，坚持四项基本原则，坚持改革开放，解放和发展社会生产力，巩固和完善社会主义制度，推进社会主义市场经济、民主政治、先进文化、和谐社会与生态文明“五位一体”建设，加快建设富强民主文明和谐美丽的社会主义现代化国家。以习近平同志为核心的党中央顺应人民对美好生活的向往，坚持把实现人民幸福作为中国特色社会主义现代化建设一切工作的出发点和归宿，不断增强人民群众的获得感、幸福感、安全感。习近平总书记的上述思想，也成为人民城市重要理念的理论基础。

人民性是社会主义城市的灵魂。习近平强调，城市是人民的，城市建设要坚持以人民为中心的发展理念，让群众过得更幸福；“城市的核心是人，城市工作做得好不好，老百姓满意不满意，生活方便不方便，城市管理和服务状况是重要评判标准。”人民城市把人民的主体性提到了治理体系的高度，肯定了作为城市建设过程中的建设者和评判者角色。习近平多次指出：“让老百姓过上好日子是我们一切工作的出发点和落脚点。”“人民对美好生活的向往，就是我们的奋斗目标。”中国的城市建设始终把人民放在心中最高的位置，始终全心全意为人民服务，始终为人民利益和幸福而努力奋斗。人民城市理念首先要求我们在政治层面认识到人民性是社会主义城市的根本属性。2015 年，中央城市工作会议提出，城市工作是一个系统工程。做好城市工作，要顺应城市工作新形势、改革发展新要求、人民群众新期待，坚持以人民为中心的发展思想，坚持人民城市为人民。2019 年，习近平总书记在上海杨浦滨江考察时进一步完善了人民城市理念，指出“人民城市”理念应当成为我们做好城市工作的出发点和落脚点。人民城市的人民性体现在城市发展、建设和治理为了人民、依靠人民、服务人民，城市让人民生活更美好，人民也让城市变得更美好。这种人民和城市相互成就、融为一体的状态，就是人民城市的精神。

坚持人民在城市建设发展中的主体地位，开创“人民城市人民建，人民城市为人民”的新局面。《讲话》指出：“要坚持广大人民群众在城市建设和发展中的主体地位，探索具有中国特色、体现时代特征、彰显我国社会主义制度优势的超大城市发展之路。”这是对新时代中国城市建设发展的主体、方向、力量之源与根本路径的深刻揭示，是我们党一以贯之地坚持“人民群众创造历史”唯物史观的鲜明体现。“历史活动是群众的事业”“群众是社会进步的主要动力”，这是历史唯物主义的基本原理与核心要义。毛泽东说过：“人民，只有人民，才是创造世界历史的动力。”党的十八大以来，习近平一再强调：“人民群众是历史的创造者，是马克思主义的一个基本原理。”人民群众是历史发展和社会进步的主体力量。在我国推进现代化、城市化的历史进程中，必须自觉尊重和坚持人民主体地位，大力发挥群众的首创精神。马克思当年曾论述过城市的复杂性：“城市本身的单纯存在与仅仅是众多的独立家庭不同。在这里，整体并不是由它的各个部分组成，它是一种独立的有机体。”正是由于城市是一个“独立有机体”的复杂社会巨型系统，世界上所有国家和政府都必须回应各自的城市是什么、建设什么样的城市、怎样建设城市等基本问题，也由此在各自的实践中产生了不同的城市发展理念与城市治理模式。以习近平同志为核心的党中央从当代中国城市化发展的宏大实践进程出发，明确提出以“坚持广大人民群众的主体地位”作为社会主义中国的城市发展的根本前提，借此探索新时代中国特色社会主义超大规模人民城市建设发展之路。“人民城市人民建、人民城市为人民”这一重要理念，深刻阐明了中国城市的根本属性——亦即城市属于人民、城市发展为了人民、城市治理依靠人民的“人民性”。当前，我们党正在紧紧依靠和团结带领人民群众在全面建设社会主义现代化国家的新征程上创榛辟莽、砥砺奋进。新形势下践行和贯彻好人民城市重要理念，一是要求我们党始终坚持以人民为中心的发展思想，在现代化城市建设中尊重人民主体地位，顺应新发展阶段新发展格局的新要求、人民群众的新期待。中国的城市，归根结底是人民的城市，人民对美好生活的向往就是城市建设与治理的方向，也是我们做好城市工作的出发点、落脚点和根本立场。二是要求我们党进一步发挥群众的首创精神，紧紧依靠和组织广大人民群众协力创建新时代社会主义现代化超大规模人民城市的历史伟业，这也是彰显我国社会主义制度优势的题中应有之义。人民是城市的主人，更是城市建设、发展与治理的主体。城市建设要靠广大人民群众辛勤劳动，城市发展要靠广大人民群众合力推动，城市治理要靠广大人民群众共同行动。要尊重群众对城市规划决策的知情权、参与权、监督权，鼓励群众通过各种方式参与城市的建设与管理，做到问需于民、问计于民、问效于民，调动群众积极性主动性创造性，汇聚起共治共管、共建共享美好城市的磅礴力量，开创新时代中国特色社会主义现代化超大城市发展之路探索发展的新局面。

总的来看，人民城市理念是党的初心使命在城市工作中的具体体现，至少包含五层含义：一是从阶级属性来看，城市是人民的。“城市是人民的城市。人民城市为人民。”二是从治理目的看，城市是为民的。“推进城市治理，根本目的是提升人民群众获得感、幸福感、安全感。”三是从行动主体看，城市建设依靠人民。城市是载体，人民才是主体。“要尊重市民对城市发展决策的知情权、参与权、监督权，鼓励企业和市民通过各种方式参与城市建设、管理。”四是从治理成果看，要惠及人民。即要从群众需求出发，把更多精力、财力投入解决群众利益问题上，“把最好的资源留给人民”，真正实现“民有所呼、我有所应”。五是从评价监督看，成效由人民评判。“城市工作做得好不好，老百姓满不满意，生活方便不方便，是重要评价标准。”“群众说好才是真正的好。”

第三节　人民城市重要理念的实践转化

我们要深入领会“人民城市人民建，人民城市为人民”重要理念的深刻内涵，坚持人民至上的理念和方法，将先进理念转化为紧紧依靠人民、不断造福人民的科学方法和务实行动，建设一个“属于人民、服务人民、成就人民”的美好城市，彰显党的性质宗旨和人民城市的根本属性。

一、把人民城市理念的思想伟力转化为干事创业的精神动力

坚持人民至上，从人民城市理念中汲取人民情怀，提振锐意进取、担当有为的精气神。人民是我们党执政的最大底气。我们要始终把人民立场作为根本立场，把为人民谋幸福作为根本使命；要始终牢记“人民对美好生活的向往，就是我们的奋斗目标”；要始终把人民放在心中最高的位置，胸怀“国之大者”；要始终以“四个特别”（特别能吃苦、特别能战斗、特别能忍耐、特别讲奉献）的精神为人民利益和幸福而努力工作，以时时放心不下的责任感，直面问题、勇挑重担，加快推进城市高质量发展。

二、把人民城市理念的思想伟力转化为攻坚克难的方法措施

坚持人民至上，从人民城市理念中汲取工作方法，为老百姓算好综合账、长远账，尤其是品质提升账。

（一）坚持价值判断的优先性

一是把人本价值作为改进城市服务和管理的重要标尺。在城市建设发展过程中，一定要摒弃唯利是图的资本逻辑、“见物不见人”的物本逻辑，坚守以人民为中心的人本逻辑，把人本价值“作为推动城市发展的核心取向、作为改进城市服务和管理的重要标尺、作为检验城市各项工作成效的根本标准”，处处围绕人、时时为了人，聚焦解决群众急难愁盼问题，把最好的资源留给人民，以更优的供给服务人民，更好地向世界展示“城市，让生活更美好”的中国实践成果。

二是面对两难多难选择时，多作“应不应该办”的价值判断，而非简单地只作“可不可以办”的技术判断。凡是有利于人民群众根本利益的事，再难也要想办法解决，再难也能想到办法解决，再难也要想用人民满意的办法解决。在上海“一江一河”贯通开放、乐山新村凤凰涅槃、曹杨新村喜迎新生，居民舒享品质生活的幸福图景中，已经有了答案。

（二）以技术服务于价值目标的实现

如何保证城市安全、有序、高效运行，如何高效办成一件事、高效处置一件事，实现人民对高品质生活的新期待？“关键要抓一些‘牛鼻子’工作，抓好‘政务服务一网通办’‘城市运行一网统管’，坚持从群

众需求和城市治理突出问题出发，把分散式信息系统整合起来，做到实战中管用、基层干部爱用、群众感到受用。”“两张网”是城市数字化转型的重要抓手，是推进人民城市建设的重要手段。上海按照习近平总书记的要求，坚持需求导向、问题导向和效果导向，以应用场景开发牵引“两张网”建设，以“两张网”建设推动智能化运用，以智能化推进精细化管理，解决城市治理难题，提升城市治理效能。经过 3 年努力，2020 年，上海成为首个获得由全球智慧城市大会评审颁发的国际性奖项——“世界智慧城市”大奖的中国城市，体现了上海数字化建设的国际领先地位。从“随申码”到“两个免于提交”，从办理时限平均减少 62% 到好评率高达 99.96%，一个像网购一样方便的“一网通办”，让企业和群众办事更高效、更便捷、更舒心。从照看独居老人的智能水表到渣土车全周期闭环管理系统，从“让预警跑在老百姓的报修前”的城市运行数字体征系统到“让协同跑在城运中心派单前”的管理流程再造，一个耳聪目明、智能研判、四肢协同、精准发力、善解人意的“一网统管”，让城市治理更智慧、更精准，城市运行更顺畅、更安全，人民群众生活更便捷、更美好。

在城市治理数字化转型的实践中，要善于平衡技术与价值之间的关系，摒弃“见数不见人”的技术思维，把人本价值作为改进城市管理和服务的重要标尺，不断提高市民获得感，提高市民的参与度。

三、把人民城市重要理念的思想伟力转化为城市发展的共同行动

坚持人民至上，从人民城市理念中汲取奋进力量，让城市治理成

为“我们”的共同行动。人民群众是我们力量的源泉。建设人民城市需要紧紧依靠人民、不断造福人民、牢牢植根人民，强化人民群众参与的制度化保障，让人民群众真正成为城市发展的积极参与者、最大受益者、最终评判者，汇聚共商共建共治的磅礴力量，实现人与城市的相互成就。

（一）践行全过程人民民主，汇聚磅礴力量

习近平总书记在中央人大工作会议上强调指出：“要继续推进全过程人民民主建设，把人民当家作主具体地、现实地体现到党治国理政的政策措施上来，具体地、现实地体现到党和国家机关各个层级工作上来，具体地、现实地体现到实现人民对美好生活向往的工作上来。”畅通民意表达渠道，完善民主协商机制，引导人民群众积极主动地参与到城市建设中来，打造新时代“凝聚力工程”，就是具体、现实的体现。从人民建议征集办公室到立法联系点，出谋划策；从“行走上海 2016 社区空间微更新计划”到浦东“缤纷社区行动计划”，参与决策；从一网通办的“好差评”到一网统管的邀你来“找茬”，监督评价……全过程民主参与城市治理的渠道越来越通畅，意见建议越来越多被采纳，公众参与的热情越来越高涨。

（二）把基层治理作为凝心聚力的主战场

城市治理的“最后一公里”就在社区。打造全过程人民民主最佳实践地，基层社区是重要战场。我们不仅进一步拓宽群众有序参与渠道，也更加有效地了解群众需求、汲取群众智慧、倾听群众意见，把居民的

意见呼声融入社区的治理建设中，共同协商、凝聚共识。要及时感知社区居民的操心事、烦心事、揪心事，从房前屋后实事做起，从身边小事做起，从日常生活中的“鸡毛蒜皮”杂事做起，一件一件加以解决，把市民和政府的关系从“你和我”变成“我们”，推进城市共建共治共享。

（三）讲好城市精彩故事，彰显上海城市精神品格，体验城市的高度

“一个民族需要民族精神，一个城市同样需要有城市精神。”习近平总书记亲自提炼概括了“海纳百川、追求卓越、开明睿智、大气谦和”的上海城市精神和“开放、创新、包容”的上海城市品格，对提升软实力作出一系列重要论述，为上海加快打造同具有世界影响力的社会主义现代化国际大都市相匹配的城市软实力指明了前进方向。城市精神品格是由千千万万的人创造出来的，也要在千千万万的人身上更好展现出来。弘扬城市精神品格，就是要增强叙事能力，发挥好每个街区、每条道路、每栋建筑、每个人的窗口作用，讲好城市更新的精彩故事，放大治理效能，提升城市魅力。我们既要讲好30年前，百万居民为了上海的明天，“舍小家，为大家”的动迁故事，也要讲好30年间，党和政府为了人民的幸福，“舍近利，谋长远”，使130多万居民获益的旧改故事，向世界传播城市更新的中国实践和上海方案。

城市人民性必然表现为城市空间遵循人民的意志和需求。空间居于城市主客体关系的关键联结点。城市要素的分布、组合与运动，实际上是受到空间的决定性支配。因此，空间的生产，也就成为理解城市、建设城市、治理城市的中心问题。城市空间的生产，并不像有人理解的

那样，单纯是由设计师的专业知识所决定，相反，它是权力、资本、社会、伦理、知识等多要素共同作用的产物。根本上，城市空间所体现的是城市主体的意志，所表达的是城市主体的需求。因此，资本主义城市必然表达资产阶级的意志和需求，而社会主义城市则应当表达人民的意志和需求。“人民城市”是对社会主义城市属性的根本性界定，人民作为城市的主体，其意志和需求应当且必然要通过城市的空间而表达出来并加以实现。如果说安全、整洁、有序、美观、人文、活力等价值已经成为当今世界城市空间生产的普遍性追求，那么人民城市的空间生产则应当更加凸显其平等性、开放性、包容性和功能性，形成符合中国实际的城市空间正义格局。人民城市强调城市属于所有人民，城市的公共设施和公共资源应当逐步向广大人民开放，最终形成各阶层共荣共生的和谐城市关系，并实现普惠性的基本公共服务体系。人民城市的“人民”具有普遍性，包括中国社会各阶层。中国共产党代表最广大人民的根本利益，人民城市建设的资源尤其应当向弱势群体倾斜。

开创“三生融合、四宜兼具”的现代化高品质人民城市建设的新局面。“城市是人集中生活的地方，城市建设必须把让人民宜居安居放在首位，把最好的资源留给人民。”《讲话》中的这段重要论述，鲜明地回应了新时代城市建设发展治理“为了谁、依靠谁、怎样建”的根本问题，真正体现我们党以“人民为中心”的发展思想、“人民至上”的价值理念与初心使命，充分彰显我们党以“一切城市工作都要围绕人民群众需要、贴近人民群众生活、服务人民群众利益”作为全部城市工作的宗旨和方针。2019 年 11 月，习近平总书记在上海杨浦滨江考察浦江两岸贯通后生态岸线建设和工业“锈带”变成生活“秀带”的情况时，特别强调修好便民利民的设施、搞好公共空间的建设，这是为人民谋幸福的重要举措。无论是城市规划还是城市建设，无论是新城区建设还是老城区改造，都要“坚持以人民为中心，聚焦人民群众的需求，合理安排生产、生活、生态空间，走内涵式、集约型、绿色化的高质量发展路子，努力创造宜业、宜居、宜乐、宜游的良好环境，让人民有更多获得感，为人民创造更加幸福的美好生活”。做好新时代的城市工作，必须贯彻“创新、协调、绿色、开放、共享”的新发展理念，坚持系统观点，把系统性与协调性原则精神落实到城市的建设、发展与治理之中，推进人与自然和谐共生的现代化建设进程；必须把保护城市生态环境摆在更加突出的位置，科学合理地规划和处理好城市社会全部物质活动、精神活动和自然环境的辩证关系。要坚持以打造宜业、宜居、宜乐、宜游的城市环境为目标，统筹生产、生活、生态三大布局，把握好“三大空间”的内在联系，实现生产空间集约高效、生活空间宜居适度、生态空间山清水秀，既提高经济发展质量、又提高人民生活品质，开创“三生融合、四宜兼具”的现代化高品质城市建设的新局面。

第三章

提高城市规划建设治理一体化水平

城市工作是一门科学，必须深刻掌握并遵循其内在规律。习近平总书记反复指出，城市是生命体、有机体，必须认识、尊重、顺应城市发展规律，端正城市发展指导思想，切实做好城市工作。城市工作是一个系统工程，要树立系统思维、整体思维，从构成城市诸多要素、结构、功能等方面入手，对事关城市发展的重大问题进行深入研究和周密部署，系统推进各方面工作。人民城市工作的系统性、整体性体现在党领导城市规划、建设、治理的各项工作中，城市中的各部门、各要素、各方面在党的领导下共同为人民城市建设出力，从而形成党的领导力量、社会多元参与、各方和谐共生的城市生态。落实到具体工作上，就是必须努力提高城市规划、建设、治理一体化水平。

第一节　基本原则：努力提高城市规划、建设、治理一体化水平

循道而行，方能致运。我们唯有充分认识城市在推进中国式现代化进程中的重要地位和作用，深刻把握中国特色城市发展道路的发展方向，掌握做好城市工作的基本思路，不断提升领导城市工作的能力本领，方能探索出一条中国特色超大特大城市治理之路，谱写中国式现代

化的上海篇章，承载起人民对美好生活的向往和期盼。

习近平指出：“推进国家治理体系和治理能力现代化，必须抓好城市治理体系和治理能力现代化。”人民城市建设是一个涉及规划、建设、治理的系统工程，既包括“以人民为中心合理安排生产生活生态空间、创造宜业宜居宜乐宜游良好环境”的“硬治理”，也包括“打造全过程人民民主最佳实践地目标，牢固树立群众观念，畅通民意表达渠道，完善民主协商机制，汇聚共商共建共治的磅礴力量”的“软治理”。

坚持全面建设社会主义现代化国家新征程中的城市治理“目的”“方法”和“重点”有机统一，开创人民城市治理现代化的新局面。城市治理是推进国家治理体系和治理能力现代化的重要内容。推进新时代的中国城市治理现代化，既是重大时代课题，又是重要历史使命。习近平有关城市工作的一系列论述，从“目的论”“方法论”“重点论”三个层面对实现全面建设社会主义现代化国家进程中的人民城市治理现代化问题作了深刻阐析。一是根本目的。“推进城市治理，根本目的是提升人民群众获得感、幸福感、安全感。”从目的论层面阐明完善城市治理体系、提高城市治理能力和加快推进城市治理现代化，不断提高公共服务均衡化、优质化水平，是为了“着力解决人民群众最关心最直接最现实的利益问题”“提升人民群众的获得感、幸福感、安全感”。二是系统集成。从方法论层面阐明必须运用系统集成方法对城市治理模式方法手段进行整合创新。《讲话》要求浦东和上海聚焦深层次体制机制障碍，“在改革系统集成协同高效上率先试、出经验”。

要进一步提升城市治理体系和治理能力现代化的水平，务必大力推进城市治理领域改革创新的系统集成。首先，推动治理手段、治理模式、治理理念的组合创新运用。上海在推进人民城市建设发展进程中运用系统治理、科技赋能、重心下移、建章立制等“多管齐下”的方式，有效发挥政务服务“一网通办”和城市运行“一网统管”两张网的集成效应。其次，推动人工智能、大数据、云计算等现代科技手段在城市治理活动中的深度融合应用，强化科技赋能与智能化治理，“加快建设智慧城市”。第三，推动党领导下的经济治理、社会治理、城市治理三方面的有机衔接。在经济治理层面做到制度、体制、机制的创新与集成，在行政治理层面做到放权、管理、服务的创新与集成，在社会治理层面做到社会协调、公众参与、法制保障的创新与集成。在此基础上，进一步加强系统治理、依法治理、综合治理、源头治理的系统集成，构建“三治”一体化的超大规模人民城市统筹治理体系。三是重要环节。从重点论层面阐明提升城市治理能力、有效服务城市高效运行和有效防范化解重大风险的“当务之急”。“要把全生命周期管理理念贯穿城市规划、建设、管理全过程各环节，把健全公共卫生应急管理体系作为提升治理能力的重要一环。”着力完善重大疫情防控体制机制，毫不放松抓好常态化疫情防控，强化公共卫生法治保障，改革完善疾病预防控制体系和重大疫情防控救治体系，完善重大疾病医疗保险和救助制度，健全统一的应急物资保障体系，不断提高人民城市全生命周期管理与治理的科学化、精细化和智能化水平，全方位全周期保障人民生命健康，从而让广大人民群众在自觉贯彻人民城市重要理念、推进人民城市加快建设的进程中实实在在地感受并领悟“中国特色社会主义就是好”的道理。

科学的规划是城市发展方向和品质的重要保障。习近平在谈到城市规划时指出：“考察一个城市首先看规划，规划科学是最大的效益，规划失误是最大的浪费，规划折腾是最大的忌讳。”“要增强城市宜居性，引导调控城市规模，优化城市空间布局，加强市政基础设施建设，保护历史文化遗产。”城市规划建设做得好不好，最终要用人民群众满意度来衡量。无论是城市规划还是城市建设，无论是新城区建设还是老城区改造，都要坚持以人民为中心，聚焦人民群众的需求，合理安排生产、生活、生态空间，走内涵式、集约型、绿色化的高质量发展路子，努力创造宜业、宜居、宜乐、宜游的良好环境，让人民有更多获得感，为人民创造更加幸福的美好生活。

良好的城市建设是满足人民美好生活需求的基础条件。人民对美好生活的向往是城市旧改工作的出发点和落脚点，切实改善人居环境，提高人民获得感、幸福感和安全感是检验城市工作成效的重要标准。城市设施与空间建设既有物质功能，也有价值属性，不仅直接关系到城市活力，更决定着人民的生活品质和精神面貌。城市更新行动是人民城市建设的必然要求。城市社区的更新改建，既蕴含着深刻的城市发展动力机制，也是满足人民美好生活向往、共同富裕取得更加实质性进展的必然要求，是重要的民生工程、发展工程、民心工程。居住空间关系到人民群众的生活福祉，我们在进行城市老旧小区改造的同时，新建、改建、扩建了一批党群服务中心、社区文化中心、为老服务综合体等基层公共空间，为居民提供更多、更便捷、更优质的家门口服务。一根根架空线悄然入地，道路设施、沿街绿化、建筑立面、景观灯光、苏州河两岸贯通、老旧小区改造，都是党和政府用行动诠释“人民城市人民建，人民城市为人民”理念取得的成果。

中国特色社会主义进入新时代，我国社会主要矛盾已经转化为人民日益增长的美好生活需要和不平衡不充分的发展之间的矛盾。不同地区、不同发展阶段，城市建设和发展的侧重点有所不同：有的地区重点在于创造就业、城市旧改、城市脱贫、基本公共服务等托底性质的工作；而上海的城市建设，应当在上述工作的基础上，进一步提升城市的面貌和品位，通过公园、绿道的建设和城市公共空间的打造，让城市真正实现“建筑是可以阅读的，街区是适合漫步的，公园是最宜休憩的，市民是尊法诚信文明的，城市始终是有温度的”。

城市是人集中生活的地方，城市建设必须把让人民宜居安居放在首位，把最好的资源留给人民。上海始终将“人民至上”镌刻在城市建设治理的每个细节里，以不懈努力把“人人都有人生出彩机会、人人都能有序参与治理、人人都能享有品质生活、人人都能切实感受温度、人人都能拥有归属认同”的美好愿景化为人民城市规划、建设、治理新局面。城市工作是一个系统工程，提高城市工作的系统性必须统筹规划、建设、治理三大环节。在规划方面，事关城市发展的重大问题必须进行深入调研，事关城市风貌整体性、文脉延续性的地域环境、文化特色、建筑风格必须加以科学保护。在建设方面，严格遵照城市规划执行，一茬接着一茬干，一任接着一任干，避免大拆大建、乱拆乱建，防止换一届领导、改一次规划。在治理方面，既要管得住也要服务得周全细致，彻底改变粗放型管理方式，让人民群众在城市生活得更方便、更舒心、更美好。

优秀的治理是确保城市发展成果真正惠及人民的必然要求。习近平强调："推进国家治理体系和治理能力现代化，必须抓好城市治理体系和治理能力现代化。"从习近平的相关重要论述来看，现代化的人民城市建设是一个涉及规划、建设、治理三位一体、有机统一的复杂系统工程，其中既包括规划、建设、空间生产等"硬件建设"，也包括精细化管理、"两网"建设、全过程人民民主等"软件建设"。"既要善于运用现代科技手段实现智能化，又要通过绣花般的细心、耐心、巧心提高精细化水平，绣出城市的品质品牌。"习近平反复强调，要把全生命周期管理理念贯穿城市规划、建设、管理全过程各环节；要加强综合治理、系统治理、源头治理；要着力完善城市治理体系和城乡基层治理体系，树立"全周期管理"意识，努力探索超大城市现代化治理新路子。建设人与自然和谐共生的现代化，必须把保护城市生态环境摆在更加突出的位置，科学合理规划城市的生产空间、生活空间、生态空间，处理好城市生产生活和生态环境保护的关系，既提高经济发展质量，又提高人民生活品质。提高城市治理水平，推动治理手段、治理模式、治理理念创新，加快建设智慧城市，率先构建经济治理、社会治理、城市治理统筹推进和有机衔接的治理体系。以提高城市规划建设治理水平、加快转变超大特大城市发展方式、打造宜居韧性的智慧型人民城市为目标任务的中国式现代化城市发展之路，实际上是中国式现代化本质要求和基本特征在现代化的主要载体——城市建设这一领域的集中体现。

城市治理具有突出的综合性，应当构建纵向贯通、横向整合、多元参与的基层治理格局。通过机构改革、党建引领、技术平台等多种途径，贯通区、街道与居民区等治理层级，联结纵横各方的治理要素。进一步引入现代治理体系，通过“政务服务一网通办”“城市运行一网统管”实现“民有所呼我有所应”。例如，按照政务服务“一网通办”要求，创新管理服务模式，在更高效、更便捷、更精准上下功夫，进一步拓宽服务事项、畅通服务渠道，便民服务网络进平台、进小区、进楼宇，推动政务服务网上办、掌上办、就近办。为打通部门壁垒，在前期网格化治理的基础上，一网统管实现“多格合一”，将上级部门设置在街道乡镇的多个网格整合为一个综合网格，主要依托居住区域划分网格单元，合理确定综合网格管理事项，逐步将党的建设、城市管理、公共安全、应急管理等事项纳入，一网统管的深入推进将为整体性政府和整体性治理提供前所未有的巨大契机。基层社会治理融合多元主体，激发社会活力，增强基层治理的骨干力量，开创党建引领下的居民自治与多元共治新局面。

第二节　实践要求：一个尊重、三个坚持、五个统筹

走出一条中国特色城市发展道路，必须坚持“一个尊重、三个坚持、五个统筹”，这是城市治理现代化的基本要求，是城市可持续发展的实践路径。

一、一个尊重

城市发展是一个自然历史过程，有其自身规律。之所以城市工作中出现这样那样的问题，归根到底是没有充分认识和自觉顺应城市发展规律。“我们必须认识、尊重、顺应城市发展规律，端正城市发展指导思想，切实做好城市工作。”把握城市发展规律，需要正确处理好城市与经济、城市与农村、城市发展与农村人口、城市规模与资源承载力、城市发展与城市治理之间关系。

一是城市和经济发展两者相辅相成、相互促进，不能脱离经济发展而人为大搞“造城运动”。同时，城市规模要同资源环境承载能力相适应，城市单体规模不能无限扩张。

二是城市发展是农村人口向城市集聚、农业用地按相应规模转化为城市建设用地的过程。不能“只要地，不要人”，不能“只要白领，不要蓝领”，要加快推进农村人口市民化。

三是城乡将长期共存，这也是客观规律。“如果只顾一头、不顾另一头，一边是越来越现代化的城市，一边却是越来越萧条的乡村，那也不能算是实现中华民族伟大复兴。”如果把农村 4 亿人落下，这样的现

代化是不可能取得成功的！因此，城市工作必须同“三农”工作一起推动，破除城乡二元结构，实现城乡融合发展。同时，要破除城市二元结构，决不能“一边是高楼大厦，一边是脏乱差的棚户区”，目前，2亿左右的新市民中有1.4亿租房住，其中近三分之二租住在“城中村”和老旧小区。要着力破解新市民住房供需结构性矛盾，解决好新市民、年轻人特别是从事基本公共服务的人员等住房困难弱势群体住房问题，努力做到住有所居、职住平衡，让每个市民共享城市发展成果，感受公平正义。

四是城市治理是国家治理体系和治理能力现代化的重要内容。城市治理水平是影响城市可持续发展的重要因素，也是影响国家治理水平的重要因素。

二、三个坚持

在推动人民城市建设工作中，重点抓好城市更新，把民生工程打造成民心工程，体验生活的美好。城市更新是事关群众切身利益和城市长远发展。习近平指出：“再难也要想办法解决。”上海把城市更新作为推动高质量发展的重要途径，作为现代化建设的重要载体，作为城市功能提升的一大关键，深入探索新形势下城市更新之路，形成“留改拆”“微更新”“综合治理”的上海模式。一条茂名北路限时步行街无缝连接张园和丰盛里，联动南京西路特色风貌街区，实现街区整体能级提升，走出一条旧区改造与商业、文化相融合，城市发展与民生改善、城市治理相贯通，政府引导与市场运作、公众参与相协同，规划与建设、运营相衔接的城市更新模式，回答好“更可持续的城市更新新模式”这道考题。具体表现为：

第一，坚持系统思维，加强前瞻性思考和系统性谋划，统筹兼顾、整体推进、综合施策、多维集成，实现从碎片化、单体型推进向系统性、整体性推进转变，实施有机更新。成片二级旧里从“破题”到“破解”，既有电梯加装从“难产”到“量产”、历史风貌保护从“建筑单体”到“街区整体”、“一江一河”滨水空间贯通开放从愿景到实景，就是生动例证。

第二，坚持历史文化遗产保护与城市更新并重，兼顾人民性、公共性和文化性，提升城市品质。即在保护传承好“最上海”的城市历史文脉的同时，把更多具有时代性的人文、艺术元素融入空间设计、场景再造，营造集思想性、艺术性和观赏性的城市美学空间，不断满足人的精神需求，激发历史空间的当代价值和时代活力。同时，尽一切可能把封闭的空间变成开放的空间，彰显城市空间的人民属性。从华政断点打通融入苏河风景到上音破墙开放化身城市街景，从“扫码阅读”1.0 版到“开放建筑”2.0 版，越来越多历史保护建筑走向大众，越来越多的人群便捷易达地进入公共空间。

第三，坚持“留改拆”并举，用好微改造这种“绣花”功夫，从小尺度、微视角，渐进式推动形成常态化的微更新，搞好城市微观空间治理。比如，漕溪北路立交桥下的“乐汇小游园”，就是利用城市“边角料”，在大规划中探寻“小美好”，实施微更新，成为“搞好城市微观空间治理”的一个典范。

三、“五个统筹”

“城市工作是一个系统工程。”做好城市工作“要树立系统思维，从构成城市诸多要素、结构、功能等方面入手，对事关城市发展的重大问题进行深入研究和周密部署，系统推进各方面工作。”

（一）统筹空间、规模、产业三大结构，提高城市工作的全局性

全局性应该放在全球化、大中小城市协同发展背景下来理解。一是以城市群、都市圈为依托构建大中小城市协调发展格局，推进以县城为重要载体的城镇化建设。“中心城市和城市群正在成为承载发展要素的主要空间形式”，成为国家合作与竞争的重要载体和平台。“像我们这样人多地少的国家，更要坚定不移，以城市群为主体形态推进城镇化。”目前，我国已形成京津冀、长三角、珠三角、成渝、长江中游城市群等十大主要城市群。城市群建设要“处理好自身发展与协同发展的关系”，从整体出发，树立“一盘棋”思想，打破行政壁垒和市场分割；要强化大城市对中小城市的辐射和带动作用，弱化虹吸挤压效应；要建立跨地区投资、地区生产总值、财税等利益分享机制，形成横向错位发展、纵向分工协作的发展格局。

二是要统筹好城市内部空间结构，“既要优化宏观布局，也要搞好城市微观空间治理”。比如，上海把可持续发展融入城市规划、建设、治理各方面，进一步优化城市内部空间，形成“中心辐射、两翼齐飞、新城发力、南北转型”发展格局。其中，着力建设产城融合、功能完

备、职住平衡、生态宜居、交通便利、治理高效的“五个新城”，为未来发展打开新空间，开创集约型发展的新样态。着力破解城乡二元结构和城市二元结构，感受社会公平。共同富裕是中国式现代化的重要特征。扎实推进全体人民共同富裕，是展示中国式现代化光明前景的着力点。习近平多次提出，上海要在破解城乡二元结构方面走在全国前列。上海不仅注重物质财富创造和积累机制，促进城市繁荣；而且注重精神生活供给和城市资源公平配置机制，着力破解城市空间区隔和服务级差、城乡发展失衡、技术鸿沟等不公平现象，促进城市空间、城市服务的公平正义，丰富人民精神世界，推动城市经济、社会、空间的系统性均衡发展和城市包容性增长，力求实现城市的繁华与农村的繁荣交相辉映、物质富裕与精神富足共同进步。从成片二级旧里改造难题历史性地破解到“三园工程”、乡村振兴稳步推进，城乡一体化发展成效初现；从“城市小蜜蜂”公租房到人才公寓的不断涌现，新市民和年轻人的住房问题日趋缓解；从“口袋公园”等市民休闲的后花园到“桥下空间”等市民健身的好去处，城市“沉睡空间”复活，公共空间不断延展，城市更新的受益面不断扩大；从新城的学校、医院的新设到郊区轨道交通的完善、热剧环境的改善，市民生活更加舒适便捷：每个人在城市发展中感受到公平正义。

（二）统筹规划、建设、管理三大环节，提高城市工作的系统性

城市是个复杂的开放的巨系统特质，是有机生命体，需要系统推进各方面工作。一方面要“构建经济治理、社会治理、城市治理统筹推进

和有机衔接的治理体系”，另一方面要“把全生命周期管理理念贯穿城市规划、建设、管理全过程各环节”。如果前端有缺陷和问题，那么必然在后端引发一系列问题和麻烦，而且往往无法逆转和难以解决，必须高度重视。

“走出一条符合超大城市特点和规律的社会治理新路子，是关系上海发展的大问题。”这不仅仅是对上海城市发展提出的要求，也是对我国城市可持续发展提出的总要求。如何走出新路？习近平指出：“一流城市要有一流治理，要注重在科学化、精细化、智能化上下功夫。”

习近平指出：“城市是人集中生活的地方，城市建设必须把让人民宜居安居放在首位，把最好的资源留给人民。”“要通过绣花般的细心、耐心、巧心提高精细化水平，绣出城市的品质品牌。”上海紧紧用好精细化这根绣花针，以精致的人文情怀、绣花般的细心和满满的爱心，绘就了人民城市建设的新篇章，描绘了人民群众幸福美满的新生活。

以精细化打造人性化的城市，感知城市的温度。习近平指出：“现在，很多城市的马路是以车为本，动辄八车道，都要建自己的长安街，反而搞得居民出行很不方便，亮一个绿灯的时间根本过不了马路，缺乏起码的人情味。”城市不是冷冰冰的增长机器，而是人民幸福生活的容器，是具有人情味、人文气、人性化的城市。上海坚持“五个人人”的发展方向，制定人民城市建设实施方案，精心打造暖心之城。比如，从热线手语视频服务的运行到残疾人专用停车位的增设，城市更具人性化；从 64 条永不拓宽的道路到 41 条落叶景观道，市民能更好感受“里弄小巷石库门、梧桐树下小洋房”的独特气质，城市更有人文气；从生活垃圾分类违法行为处罚的“整改前置”程序到轻微违法行为的免罚清单，实施人性化执法，城市更富人情味。

（三）统筹改革、科技、文化三大动力，提高城市发展持续性

过去，城市发展的主动力来源于工业化，现在“城市发展需要依靠改革、科技、文化三轮驱动，增强城市持续发展能力”。深化城市改革要优化创新产业生态链，“让创新成为城市发展的主动力”；要加快智慧城市建设，“让城市更聪明一些、更智慧一些”，真正实现“科技让生活更美好”的目标。

文化是城市可持续发展最为深远的动力。“万物有所生，而独知守其根。”文化是城市的根和灵魂，决定一个城市品质，决定一个城市的高度和长度。“城市历史文化是城市魅力之关键。”城市历史文化通过城市特色风貌来体现。不能搞“拆真古迹、建假古董”那样的蠢事，不能做割断历史文明的蠢事，而是要“处理好历史文化和现实生活、保护和利用的关系，该修则修，该用则用，该建则建，做到城市保护和有机更新相衔接。”城市精神彰显一个城市的特色风貌，要“打造自己的城市精神，对外树立形象、对内凝聚人心”。城市发展要见物、见人、见精神。

（四）统筹生产、生活、生态三大布局，提高城市发展的宜居性

城市是人口最密集、污染排放最集中的地方。建设人与自然和谐共生的现代化，必须把保护城市生态环境摆在更加突出的位置。“城市工

作要把创造优良人居环境作为中心目标，努力把城市建设成为人与人、人与自然和谐共处的美丽家园”，这是总书记对城市工作的期许。所以，城市发展必须改变过去我国长期以来倡导的“先生产、后生活”的老路，“走内涵式、集约型、绿色化高质量发展路子”。

（五）统筹政府、社会、市民三大主体，提高各方推动城市发展的积极性

要“尽最大可能推动政府、社会、市民同心同向行动，使政府有形之手、市场无形之手、市民勤劳之手同向发力”，“建设人人有责、人人负责、人人享有的社会治理共同体”，形成共建共治共享的社会治理格局。城市政府应该从“划桨人”转变为“掌舵人”，从“你和我”变成“我们”一起行动。要坚持和发展新时代“枫桥经验”，完善基层治理平台，“及时把矛盾纠纷化解在基层、化解在萌芽状态”，持续探索走出一条“具有中国特色、体现时代特征、彰显社会主义制度优势的超大城市发展道路”。

第三节　根本保障：加强和改善党的领导

坚持党的领导是中国特色社会主义的最本质特征和最大制度优势，是中国式现代化的本质要求。“做好城市工作，必须加强和改善党的领导。”这是做好城市工作的根本保障，是人民城市建设的政治属性。正所谓“治国犹如栽树，本根不摇则枝繁茂荣”。“我们治国理政的本根，就是中国共产党的领导和我国社会主义制度。”

一、主要领导要亲自抓

“各级党委要充分认识城市工作的重要地位和作用，主要领导要亲自抓，建立健全党委统一领导、党政齐抓共管的城市工作格局。”到底抓什么呢？一是抓好城市规划。城市规划在城市发展中起着重要引领作用。规划科学是最大的效益，规划失误是最大的浪费，规划折腾是最大的忌讳。要在生态文明思想和总体安全观指导下制定城市规划，确保科学性、权威性、公开性、强制性和连续性，一张蓝图绘到底。二是抓好城市定位。要实事求是确定城市定位，定位不要过高；要将环境容量和城市综合承载能力作为确定城市定位和规模的基本依据；定位要简洁有特点；要立足整个城市群的发展定位和方向，找到自己错位发展的重点方向。比如，上海定位就是要建设具有世界影响力的社会主义现代化国际大都市；北京定位就是要建设国际一流的和谐宜居之都，而雄安新区定位就是要成为疏解北京非首都功能集中承载地，成为一个没有“城市病”的未来之城。

二、加强干部队伍建设

城市管理水平高低，又取决于干部素质。“做好城市工作，需要一大批高素质城市干部队伍。”要加快培养一批懂城市、会管理的干部，用科学态度、先进理念、专业知识去建设、建设、管理城市。我们要掌握城市的特点和发展规律，提高领导城市工作能力，否则，“知识不够、眼界不宽、能力不强，就会耽误事”。当前，“我们不少干部的思想观念和知识结构还不适应城市发展要求，主要靠过去的经验管理城市，甚至是靠主观意志和个人偏好管理城市，造成不少城市或多或少留着个人印记”。比如，在2021年河南郑州“7·20”特大暴雨中，一些领导干部犯了经验主义的错误，后果惨重。随着全球政治经济形势发生变化，各种类型的“黑天鹅事件”正在考验城市治理能力和成效。又比如，我们干部队伍数字意识和数字素养仍有待提升，政府治理数字化水平与国家治理现代化要求还存在较大差距，既跟不上数字时代潮流，也不适应城市治理数字化转型的要求。

因此，要不断提高领导城市工作能力，用高强的本领不断超越走在全球城市的前列，用奔跑的速度不断追赶人民群众对美好生活的期盼。具体来讲：一是锻造思维能力，特别要锻造系统思维、底线思维，这是由城市生命体、有机体特点所决定的。同时，还要锻造法治思维，这是城市治理基本规律所决定的。二是要提高创造性执行力。“一分部署、九分落实。”习近平在党的二十届一中全会上明确指出：“要因地制宜、因时制宜，紧密结合各自实际，开动脑筋、主动作为、大胆作为，创造性开展工作，真正让党中央决策部署落地见效。”习近平指出：“增强改革创新本领，保持锐意进取的精神风貌，善于结合实际创造性推动工作，善于运用互联网技术和信息化手段开展工作。”这要求领导干部正确、准确、精确使用数字技术和信息化技术，而不能误用或滥用。各级领导干部要不断学习数字化新知识新本领，培养运用数字化思维解决实际问题的能力，增强对数字科技及其应用的领导力，自觉赶上时代潮流。

三、加强党的基层组织建设

“基层强则国家强，基层安则天下安，必须抓好基层治理现代化这项基础性工作。”加强党的领导，要推动党组织向最基层延伸，健全基层党组织工作体系，要把资源、服务、管理下沉基层、做实基层，把每个基层党组织建设成为坚强战斗堡垒，为基层治理现代化提供坚强保证。

2018 年 11 月，习近平总书记考察上海时，肯定了“上海城市基层党建抓得有声有色”，希望上海基层党建“继续探索、走在前头”。作为党的诞生地、初心始发地、伟大建党精神孕育地，上海始终牢记“党建要走在全国前列”“成为中央的一个点”的嘱托，以高质量党建引领城市治理，努力做到“不辱门楣、走在前列”。

完善体制机制，强化“四个结合”。2014 年，上海将“创新社会治理、加强基层建设”作为“一号课题”深入调研，并形成“1+6”文件，提出“抓合力、增活力、强能力，创新党建工作体制”，把基层党建工作贯穿基层社会治理的各方面和全过程。2017 年，上海发布《关于全面加强城市基层党建工作的意见》，并推出“城市基层党建 20 条”，提出“党建引领下的自治共治德治法治一体化推进”。2022 年 9 月 6 日，上海市召开深化推进基层治理体系和治理能力现代化建设会议，提出“四个结合”，着力构建党组织领导的共建共治共享基层治理格局，探索超大城市基层治理现代化新路。

一是把加强党建引领与严密组织体系结合起来，把党的领导传导到基层治理的“神经末梢”。比如，浦东新区形成“街镇党（工）委—片区党组织—居村党总支—微网格党支部—楼队组党小组”五级组织体系。

二是把平时强基固本与“战时”高效动员结合起来，形成平急转换机制。比如，浦东新区建立党员先锋突击队分级储备、机关企事业单位结对包保街镇、在职党员错时服务社区。

三是把加强队伍建设与做好群众工作结合起来，切实提升做好新形势下群众工作的能力。比如，浦东新区制定居村党组织带头人和社工队伍两个“激励关怀15条”制度。

四是把推进依法治理与运用先进技术结合起来，强化规则之治、科技之能。比如，浦东新区开发“智慧公共法律服务亭”，实现全天候服务、居村法律顾问实现全覆盖、建立城市安全风险综合监测预测体系。

加强模式创新，打造新时代“凝聚力工程”。上海基层党建品牌主要有“楼宇党建”“滨江党建”“项目党建”“互联网党建”“红色物业”等。“滨江党建”是上海基层党建的一张名片。上海在黄浦江贯通建设工程项目中广泛建立临时党支部，“把支部建在工地上”，切实发挥党组织“引领在一线、服务在一线、凝聚在一线”作用。徐汇区在全国率先建立“滨江建设者之家”党建品牌，全方位提供生活、医疗、法律、文化等多元服务，紧跟工地建设规律实行“7×12小时”错时工作制，365天全年无休开展服务，让建设者找到“他乡是故乡”的归属感，切实弘扬“海纳百川”的上海城市精神，更好凝聚五湖四海的建设者。

加强党建引领，更有效地激发城市治理的动力，形成治理合力。这是中国治理的最大优势，要发扬光大。但同时，我们城市基层治理还有不适应的地方，存在“动员组织能力还有待提升，运行机制还不够顺畅，群众工作还不到位，基础工作还不够扎实”等问题。其中，突出的问题是社会组织在基层治理中的功能和作用还没有得到足够的重视和发挥，需要进一步强化。

中国共产党是中国式现代化伟业的主心骨。正如习近平总书记在中国共产党与世界政党高层对话会上的主旨讲话所指出，人类社会发展进程曲折起伏，各国探索现代化道路的历程充满艰辛。面对一系列的现代化之问，政党作为引领和推动现代化进程的重要力量，有责任作出回答。人民城市作为中国式现代化伟业的核心载体，其人民性、科学性、协调性之所以能够得到保障，根本在于始终坚持中国共产党的领导；具体在于党领导有力贯彻到城市规划、建设、治理的各项工作中去，城市中的各部门、各要素、各方面在党的领导下共同为人民城市建设出力，从而汇聚成党领导下的多元主体力量共建人民城市的磅礴力量，全体人民享受人民城市发展硕果的生动局面。

实践案例篇

第四章

争做人民城市建设标杆

杨浦区是“人民城市”重要理念的“首提地”。2019 年 11 月 2 日，习近平总书记在上海考察时，对杨浦区科学改造滨江空间、打造群众公共休闲活动场所的做法表示肯定。他指出，城市是人民的城市，人民城市为人民。无论是城市规划还是城市建设，无论是新城区建设还是老城区改造，都要坚持以人民为中心，聚焦人民群众的需求，合理安排生产、生活、生态空间，走内涵式、集约型、绿色化的高质量发展路子，努力创造宜业、宜居、宜乐、宜游的良好环境，让人民有更多获得感，为人民创造更加幸福的美好生活。习近平对“城市为了谁”问题的科学解答，始终秉持以人民为中心的发展理念，把城市发展与人民利益高度结合，将满足人民需要作为做好城市治理工作的出发点和落脚点，体现了人民城市重要理念具有鲜明的人民性特质，指明了新时代中国特色社会主义城市治理的根本追求。

第一节 “工业锈带”蝶变“生活秀带”

工业重镇长出刺眼的“锈斑”。杨浦滨江所在的杨树浦工业区，是上海近代最大的能源供给和工业基地，创造了中国工业史上多项“工业之最”，被誉为“中国近代工业文明长廊”。新中国成立后，杨浦滨江工业产值曾一度占到上海的1/4，产业工人超过60万。那时的杨浦滨江是何景象？“一家家工厂，沿江边形成宽窄不一的条带状分布，城市生活被阻隔在距黄浦江半公里开外的地方。在车间工作，也是‘临江不见江’。”

那时的杨浦滨江有多繁忙？“上下班高峰时，杨树浦路的公交车都挤得关不上门，要有专人帮忙推一把。路两边有很多餐饮店，夜班下班，依然灯火通明。”到了20世纪90年代，伴随产业结构调整，一大批纺织等劳动密集型企业向其他地区转移，产业工人由高峰时的60万降至6万。被废弃的厂房、机器设备锈迹斑斑。

这条霸住“一线江景”的传统工业锈带，何去何从？让人们记得住城市历史，成为杨浦滨江改造的基调。2002年，上海启动黄浦江两岸综合开发。也是在那一年，上海赢得2010年世界博览会主办权，世博会选址黄浦江畔，江岸沿线原有的仓库、工厂纷纷迁出，留下的工业遗存如何利用，成为上海城市建设开发中面临的新课题。

专家和城市管理者达成了共识：杨浦滨江最大亮点与最独特优势，就是工业遗存。“在杨浦滨江段，留下了大量工业遗存，有不少文物保护单位。我们要尽可能地把这些历史文化遗存原汁原味地保留下来。”时任杨浦区委书记谢坚钢说。

通过全方位调查，梳理出有价值的建筑物、构筑物，比如建于1927年的毛麻仓库、1913年的明华糖厂、1927年的永安栈房……甚至原上海第一毛条厂和原上海船厂周边的几棵古树，都被列入“附加保护清单”。

从秦皇岛路码头至定海路桥的杨浦滨江南段地区城市设计与控制性详细规划，2010 年启动编制。从面向国际征集方案，到由同济大学立项调研形成政策建议，再到征询专家、当地企业与居民意见等，经过 3 年数十轮反复修改完善，规划终于在 2013 年 8 月敲定。

强调历史文脉的传承、历史格局的延续、工业遗存的保留，让人们记得住城市历史，成为杨浦滨江改造的基调。经过一次次调研摸底，66 幢工业遗存被一一保留下来，总面积超过 26 万平方米。对于 66 幢工业遗存，实行“一幢历史建筑，一个修缮方案，一套修缮策略”，充分查阅每一幢房子的历史档案，然后对照现场的具体情况，对房屋现状实施勘探、勘察，再委托多家设计单位分析，经过比选吸纳各个方案的长处。用时逾 15 年，至 2017 年底，黄浦江两岸从杨浦大桥至徐浦大桥 45 公里岸线公共空间，终于全部贯通并向公众开放。

既留住工业时代的“锈色肌理”，也呼应新时代美好生活。杨浦滨江岸线的改造建设，精细程度不亚于一场考古发掘。上海制皂厂旧址，建筑师们在狭小的管道空间里施工作业，将工厂的污水处理池改造成了充满想象的“皂梦空间”：人们可以在半地下的咖啡馆里“坐井观天”，在纵横交错的圆筒状大型输送管道中间享用“肥皂蛋糕”，再通过这些管道去与肥皂主题有关的博物馆，参加制皂体验活动，也可以在楼顶花园吹着江风闲坐聊天。

为再现岸线观景平台栏杆的“锈迹斑驳”，建设团队花了半年时间：先是用各色油漆调色，试验后发现效果不理想；尝试在天然生锈的栏杆上包裹外漆，结果铁锈氧化、锈蚀，既不美观，又影响到栏杆的耐久性；找来专业公司帮忙，试用多种油漆，都未能达到理想中“锈”与“不锈”的平衡点……直到最后，他们想到在油漆中掺加锈粉，刷漆后静置到锈粉彻底氧化，再用外漆罩住的办法，才有了今天沉稳耐看的“滨江锈色”。

同济大学建筑与城市规划学院建筑系副主任章明是杨浦滨江岸线南段总设计师，在他看来，岸线改造的具体思路“锚固”，就是想方设法把一些原本属于这个空间的东西固定下来，留住城市历史文化记忆的根和魂；“游离”，则是从设计细节出发对旧工业场地重新观照，呼应现实生活。

以往输送水电的管道被设计成路灯，形成独具特色的水管灯序列；防汛墙大都自然地隐藏于绿坡之下，有些地方却又显露出它的斑驳墙面和厚重墙体，唤起潮汛来袭的记忆；一座座不同时期建设的码头，中间的缝隙并未填平，只是简单搭了钢栈桥连通路径，走在上面，可以感受到不同码头空间的变化、江水的湿气……

有历史厚度、有城市温度、有社区活力的滨水公共空间。在杨浦滨江改造过程中，居住在周边的不少老工人热切地关注着。20 世纪 90 年代末从原上海第一毛条厂转岗到社区居委会工作的董德娥印象深刻：“岸线开放第一天，我就特意跑来了，和以前又脏又乱的样子完全不同，像‘雨水花园’那里，绿化做得像自然长的野草，钢桥板上镂空刻着我们毛条厂的历史，那样熟悉，那么亲切……”

杨浦滨江岸线约 12 万平方米的新建公共绿地，有各类乔木、灌木近百种，总数超过 30 万株。还有连片的草甸、不规则生长的野花。从“四季花海”到“草长莺飞”，这里不乏整体蓝白色系的绿化设计，也有与城市统一景观绿化不同的自然野趣。

滨江岸线不少路面都铺设了钢格栅。格栅做得宽，行走时会卡住鞋跟；做密了，又达不到亲水效果。团队人员穿上高跟鞋反复测试，行走体验。“雨水花园”景观建好后，有群众反映座椅前的格栅孔隙太大，若不小心，容易造成手机掉落。管理团队连夜整改，在格栅下安装了一层孔隙更密的铁丝网。

“在杨浦滨江的建设、改造中，管理者、建设者、普通群众置身同一话语层面，享有同等的表达意见的权利。我们始终从群众的切身感受出发，聚焦群众需求，坚持以人民为中心。”谢坚钢说。

1883 年落成的杨树浦水厂是此次滨江公共空间贯通的一大难点。时至今日，这座百年水厂仍在生产，为近 300 万市民供水。水厂安全牵涉千家万户，而滨江贯通后，行人走到厂区周边，给制水安全带来隐患。水厂和设计、建设团队煞费心思，先后提出十几种方案。最终，水厂将源水管向内移动 5 米，建设团队在距离厂区 3.5 米的江面架起一座 500 多米长的亲水栈桥。从桥面到长椅、遮阳亭等，都由方正厚实的木檩条搭成，市民可近距离欣赏古老的水厂建筑：中世纪哥特式古堡风格、由红砖镶砌外墙面的厂房建筑群落，古色古香。

漫步于杨浦滨江的工业遗存博览带，“老滨江”黄宝妹时常感怀不已。从旧上海时期的白班、夜班连轴转，什么苦头都吃，到新中国成立后奋斗打拼，成为全国劳模；从退休后看着那一江“锈带”暗自伤怀，到如今一家人四世同堂、毗邻江景“秀带”幸福生活：“作为土生土长的上海人，我很自豪，有幸见证这里几十年来的沧桑巨变！”

如今，年近九旬的黄宝妹时常应邀与杨浦滨江周边的社区党员群众交流谈心，“讲讲自己的初心故事，说说老滨江的发展变迁，希望更多的年轻人能了解我们当年走过的路，打拼更加美好的未来”。

第二节　科技创新铸就杨浦城市发展新品质

20 世纪 90 年代，杨浦区委、区政府曾用十余年时间探索出路，提出了校区、园区、社区“三区联动”，学城、产城、创城“三城融合”；自杨浦成为全国首批国家创新型试点城区以来，2010—2015 年间，市区多次对创新城区建设指导意见的配套措施进行修订增补。2015 年，上海建设全球科创中心，杨浦区被定位为重要承载区，出台了《关于加快建设具有全球影响力的科技创新中心重要承载区的实施意见》(简称“杨浦科创 15 条”)。

2019 年 11 月，习近平总书记考察杨浦滨江，提出“人民城市人民建、人民城市为人民”重要理念，并高度肯定杨浦滨江从“工业锈带”变身“生活秀带”的创新实践。2018 年 4 月，李克强总理考察长阳创谷，充分肯定了杨浦老厂房改造升级、新旧动能转换的成果，提出了打造“双创升级版”和“世界级创谷”的建设要求。从 2000 年到 2021 年，历经 21 年、6 任区委书记，杨浦区坚持创新驱动转型发展的主线一直没有变过。2020 年，杨浦成为“科创中国”全国首批、上海唯一试点城区。2021 年，《杨浦区新一轮国家创新型城区建设方案（2021—2025）》制定出台。

腾笼换鸟盘活土地资源，坚持打造多样性空间形态、包容性创新生态的思路。近几年，杨浦区不遗余力对大量老厂房工业遗存进行了改造升级。例如，长阳创谷前身是 1920 年建立的日商“东华纱厂”，2000 年前后停产关闭。2015 年，在荒废的厂房基础上建成了“长阳创谷”。这种全新的空间设计和生态，持续吸引了启迪之星、创业黑马等 150 余家特色双创企业和孵化平台入驻。2021 年 1 月，上海市市长龚正亲自为“长阳秀带”在线新经济生态园揭牌。

如今，杨浦区内科技创新载体超过 230 万平方米，包括 20 家科技园区、60 余家各具特色的众创空间，以及长阳创谷、宝武钢铁“互联网 +”产业园、城市概念园等一大批老厂房改建项目。

经十余年规划开发，杨浦滨江已完成核心区土地收储约千余亩，推进中的还有滨江北段、军工路沿线地块转型升级。上海寸土寸金！如何发挥土地最大价值？“好项目带产业”！通过带产业土地出让，杨浦又成功吸引美团和 B 站入驻滨江。更难得的是，腾笼换鸟，将最好的土地和空间匹配给最有潜力的创新型产业。

贡献资源激发高校动能。杨浦区内十余所知名高校，在校大学生近20万人，20家大学科技园，其中7家国家级大学科技园，占全市一半以上。如何支持高校？杨浦区毫不吝啬。2005年，复旦百年校庆提出要进入全球100强高校，希望增加土地建设新校区，杨浦果断在新江湾划出1500亩土地建设复旦大学新校区。按当时的土地拍卖价，相当于杨浦放弃了88.2亿元的土地收益。

环同济知识经济圈亦是如此。杨浦区停掉数个商业地产项目，拿出土地和社区资源，进行厂房置换、旧区改造。如今，环绕同济4条总长度不到3公里的马路上，面积2.64平方公里的区域内，集聚了8000家大中小企业，其中80%是同济师生创业，成为中国最大的设计产业集群。总产出从2002年产值10亿元跃至2020年近500亿元。当前，环同济知识经济圈2.0版和上海“设计之都”的核心区正在被加速建设推进，剑指千亿级现代设计产业集群。环同济知识经济圈被称为国家大学科技园建设和发展“大学城经济”的一个典型样本。

杨浦与11所高校签订战略合作协议，推进了区校之间一揽子合作计划。支持高校就地拓展（区域内教育科研用地从4.2平方公里拓展到7平方公里）。同时，着力促进产学研一体、区校企联动，建立交叉产业化平台等功能型平台及一批校企联合实验室。

“热带雨林”打造创新试验场。“十三五”期间，杨浦区内集聚了8000多家各类科技企业，每万人发明专利拥有量达99.04件，位居上海全市前列。这些高新技术企业中，如何让它们来，又能把它们留下来？

“创新资源配置”不妨为一种好方法。例如，杨浦平均每年新增企业量达数千家，差不多都有一个共同点——皆在某一个上下游产业链上。

“2010年，上海正在打造云海计划，杨浦是第一批上海市云计算创新基地，云海大厦就在计划之内。”2012年，刚开始创业之路的季昕华（优刻得科技股份有限公司CEO）正是看中了这种“上下楼就是上下游，不出园区就有产业链”的生态，成为云海大厦的第一批租户。在资源配置市场化上，复旦大学科技园也算是典型案例之一。复旦大学占股20%，杨浦区占股20%。

又如，上海杨浦科技创业中心1997年成立时是事业单位，2001年在原有基础上成立了一家企业化运作的公司，复旦大学、上海科技创业中心、杨浦区属国企各持股份，严格按企业经理人机制管理，所有人员社会招聘。今天，杨浦科创中心已成为上海中心城区最大的孵化器，从成立初期的264万元启动资金，成长为如今总值40多亿元的孵化器集团。

杨浦大力推动科技成果转移转化，落地了一批国家级技术服务平台和服务机构，并在大学科技园考核指标中增加成果转化权重，不断加大对成果转化投入的人力、物力。

每位区领导对接一所高校，聚焦一两个平台项目，如复旦智能产业研究院、上海理工医工交叉平台等，一批高校成果在平台得到转移转化和产业化落地。

如今，以技术需求、应用场景为导向，面向社会公开“张榜”，企业“揭榜”，政府分阶段补贴，一定程度上增强了企业的创新能力，从“锦上添花”转变为“雪中送炭”。

开路先锋服务国家战略。为贯彻落实习近平总书记在扎实推进长三角一体化发展座谈会上的重要讲话精神，杨浦区试水探路，联合“三省一市”24家双创示范基地，倡议成立“长三角双创示范基地联盟”，探索推出“一图、一券”等跨区域联动机制。

“一图”即“长三角双创地图”，是展示长三角区域双创生态一体化公共服务的平台，创业者可通过平台获得大企业创新业务订单、政策申报、融资等对接服务；“一券”即“双创券”，上海市杨浦区作为联盟首届理事长单位率先提出了在沪苏浙皖各选一个示范基地，共同开展双创券通用通兑先行先试。2020年6月，一券通平台已上线运营。

2020年8月25日，上海市杨浦区科协倡议与长三角“科创中国”首批试点城市：江苏无锡市科协、浙江宁波市科协、嘉兴市科协、安徽铜陵市科协共同发起成立“科创中国”长三角区域创新组织。

创新组织自成立以来，依托上海技术交易所等平台，以科技创新服务长三角区域一体化高质量发展，共同探索建立长三角区域技术转化服务平台，共同培育细分领域技术券商“样板间”，各项工作得到了中国科协的充分肯定，荣列2020年“科创中国”榜单十大产学研融通组织。

参与构建开放创新新格局，积极发挥重大国际性科技交流活动、创新创业国际顾问制度作用，积极承接自贸试验区、进博会溢出效应，深入对接国际资源，提升上海杨浦（硅谷）创新中心、北欧创新中心（上海）等平台功能，加深与国际创新网络重要节点联通……一年来，上海杨浦动作不断。

“长三角要勇当我国科技和产业创新的开路先锋，不仅要提供优质产品，更要提供高水平科技供给，支撑全国高质量发展。”长三角不仅是一体化发展的示范区，更承担着重要使命！积极争取更多的长三角全面创新改革试验举措先行先试，杨浦亦有深意！

第三节　数字化转型既“硬核”又有烟火气

2023 年 7 月，来自意大利的著名建筑师、后现代设计流派孟菲斯派创始人之一安东·西比克教授和他位于杨浦区鞍山五村的新家再度刷屏。尽管只是老新村里一套 34 平方米的小屋，但每次见诸媒体，总是毫无悬念地令人惊艳，而他在全球设计界鼎鼎大名的身份与“蜗居”老新村形成的巨大反差，也总会引来许多好奇的目光：鞍山五村究竟有什么魔力，让西比克教授把这间小屋打造成为他在上海做的一个“外星小窝”实验？

其实，在鞍山五村乃至其所处的整个环同济知识经济圈，西比克教授和他的小屋都有很大的名气，不仅同济大学师生知道他，连新村里的阿姨、爷叔也认识他，因为，环同济城市更新的面貌变化与他有着紧密的关系。几个月前，同济大学门前的赤峰路“未来生活原型街”悄然开工了，人们对即将变脸的“赤峰路现代设计一条街”充满期待，而“网红教授”的出圈和环同济知识经济圈的 2.0 版升级，正是杨浦区全面推进城市数字化转型的一个缩影。在这里，数字经济与实体经济的深度融合、整体转型既“硬核”，又有烟火气。

激活源头为数字经济注入活水。坐拥国家创新型城区和全国双创示范基地两块“金字招牌”，拥有一批硬核机构和企业的杨浦区全面增强关键核心技术创新和产业转化力度，为数字经济不断注入源头活水。

突出科技驱动，杨浦区对标科创新生态专项行动，打造一批经济数字化研发应用平台，助力高校加快实现关键技术突破，从与复旦联手组建上海智能产业创新研究院，到全力支持同济建设中国（上海）数字城市研究院，以及支持财大建设财经科技产业创新平台，支持上理工建设医工交叉产业化平台，让产学研一体化在杨浦扎实落地。

数据流动是数字经济的显著特征，杨浦区对标数字新基建专项行动，持续深化“两张网”建设，发挥长三角双创示范基地联盟作用，助力数字长三角一体化发展，全力支持千寻位置建设北斗时空网，夯实“物联、数联、智联”的数字底座，支持建设数据开放利用平台，推动上海技术交易所以区块链技术为支撑，构建技术转移数据库。

活跃在杨浦的一批头部企业也获得了专项支持，实现了更好的发展。2022 年以来，已有复旦微电子、爱回收等 9 家数字经济企业上市。老牌企业如上汽大通、西门子、耐克也与杨浦携手，深化“大制造”数字化平台、打造数字化门店等，新兴的商业企业如美团、达达、商米等，也在杨浦区支持下，通过打造数字化小店示范街等方式，为更多商业企业的数字化转型升级提供“一站式”解决方案。

打造“一带、一区、一圈”数字经济地标。杨浦区有着创新创业的雄厚基础，以长阳秀带在线新经济生态园、大创智数字创新实践区和环同济知识经济圈为代表的“一带、一区、一圈”更是熠熠生辉的数字经济地标。这里就是城市数字化转型的一种全新路径：由人而兴——从最初自发形成的“赤峰路现代设计一条街”，发展为近年来规模日渐庞大的三大产业集群聚集区，2020 年总产出达到 460 亿元；为人而创——以设计撬动创新策源，用设计点亮老旧社区，让曾经聚集 29 家无证无照小商铺的 260 米脏乱差弄堂成为探索未来生活原型、倒逼技术革命的“NICE 2035 未来生活原型街”，让阿斯顿 · 马丁首个海外实验室、海尔食物实验室、朱哲琴声音实验室、好公社社区孵化中心等与“买汏烧”的日常生活完美融合。

继老新村弄堂里的“NICE 2035”成功落地后，环同济对未来生活的探索继续前行，区、校、社深度融合的创意街区即将让赤峰路变身，成为更符合人民需要的城市更新样板间。同时，深化区校、区企联动，杨浦区与同济大学、光明集团等联手打造 2.0 版环同济知识经济圈，还将进一步以数字化助推传统设计产业转型升级，加速形成上海“设计之都”核心功能区和世界级创意产业核心区，实现 2025 年成为杨浦区首个千亿级经济圈的目标。

为大力推动数字经济与实体经济深度融合、整体转型，杨浦区汇聚全区域合力，成立领导小组，推出三年行动计划，组建专家智库，发布 10 个“揭榜挂帅”应用场景，充分调动各类主体参与数字化转型的主动性、创造性。未来，杨浦区将激发全要素活力，在土地、人才、资金等方面，增强全方位引力，加快推动整体性转变、全方位赋能、革命性重塑，为上海打造具有世界影响力的国际数字之都作出更大贡献。

加速建设技术券商“样板间”。新华医院儿外科主任医师吴晔明有项引以为豪的发明——一款可用于救治新生儿畸形的“腹裂袋”。这个小小的“救命袋”，可以将腹裂新生儿从死亡率74.69%变为生存率94.1%。

然而，当初这项发明却因为找不到合适的生产厂家，在成果转化的“最后一公里”搁浅了近10年。2021年初，首个在医学技术领域搭建的服务交易平台——上海国际儿科医学技术交易服务平台落户上海交通大学医学院附属新华医院，彻底改善了临床和市场间信息不对称的“尴尬”。

连接长三角，服务全中国。杨浦区建设“科创中国”试点现场推进会上透露，杨浦区正加速建设以技术交易为核心的科技经济融合“样板间”。什么是科技经济融合“样板间”？简单来说，今后儿科类科研成果如果需要转化，就可以通过新华医院这个“券商”平台，在上海技术交易所“上市交易”。

据悉，技术券商“样板间”建设工作由杨浦区和上海技术交易所共同推进，围绕成果端形成技术交易全链条式服务，梳理形成技术券商标准服务产品包；依托国家级、市级学会专家资源，共建成果评估专家智库，组建技术券商专家顾问团；推进与中国标准化协会的合作，共建技术券商平台管理体系。

作为全国首批“科创中国”试点城区，杨浦区以需求为导向，立足上海、连接长三角、服务全国，打造技术交易服务平台。此前，杨浦区已与上海海洋大学建成生物科技领域技术券商“上海国际海洋技术交易服务平台”，与复旦大学建成技术券商“上海国际信息工程与应用技术交易服务平台”，与同济大学建成技术券商“上海国际智能设计技术交易服务平台”。

新华医院是继上海海洋大学、复旦大学和同济大学后的第 4 个技术券商“样板间”。作为首个在医学技术领域搭建的服务交易平台，上海国际儿科医学技术交易服务平台将围绕儿科医学技术交易服务集群体系，开展成果挖掘、集聚、筛选（评估）、运营、交易（转化）等科技类公共服务，助力长三角儿科医疗相关企业升级，推动产业集群建设。

让“好点子”加速成为“好产品”。作为新生儿腹裂袋的发明者，吴晔明对临床与市场的“对接难”深有感触。腹裂，是新生儿高危的先天性畸形之一，虽发病率不高，但在我国围产期死亡率高达 74.69%，而美国的这一数据仅为 8.7%。

20 世纪 90 年代，吴晔明在美国访学时发现，他们使用专用保护袋将腹裂患儿外露的肠道暂时保护在袋内，随着自然生长发育，外露的肠道会逐步回缩至腹内。而当时国内，医生大多借用其他医用袋将外露部分套起来，并在麻醉状态下将袋子缝合在肚子上，孩子受创伤较大。

回国后，吴晔明开始自己设计适合的专用保护袋：袋口可自由挤压，能轻松进入腹裂患儿体内又不易脱落，省去缝合和麻醉之苦；同时，增加监测管道，医护人员可随时抽取监测保护袋内细菌情况等，增加肠道保护的安全系数；由于操作便捷，一部分患儿在新生儿监护室即可由护士操作完成。这项设计得到上海市科委、上海市卫生计生委、申康医院发展中心等科研项目支持，也获得了发明专利。可是，腹裂发病率不高，研发的投入产出不成比例，不少厂家望而却步。当时只有一家公司生产了300个临床试验样品，给吴晔明用作科研。但在项目实施期间，新华医院儿外科腹裂患儿生存率提高到94.1%，全国各地的儿外科医生都想获取这个“腹裂袋”。由于没有产品注册证，无法在医疗机构临床上正式推广使用。直到上海开始实施《第二类医疗器械优先审批程序》，这一“救命袋”成为进入优先审批“绿色通道”的首例产品，得以在临床上推广使用。

“医生很多发明是出于临床的迫切需要做出来的，不一定有很大的市场需求；商家看的是市场有多大，投入产出是否划算，正是双方需求的不匹配，导致临床上一些发明难以快速转化。”吴晔明说。而新华医院负责人介绍，近年来医院完成了儿外科团队的“新生儿腹裂袋”研制与转化、感染科团队适用于儿童的新冠肺炎病毒抗体成果转化，以及儿心脏中心推进的智能听诊器研发等项目，为患儿及企业做出了积极的探索。“此次承建运营的儿科医学技术交易平台将对标国际，立足国际儿科领域的最新技术，积极开展医学科技创新及转化，也将在儿科医学相关人才培养、科学研究、国际合作中为专家高端智库建设提供积极支撑和有力保障。”

在更大范围、更多领域、更深层次探索推广技术券商“样板间”模式，是杨浦区“科创中国”试点建设的核心内容。充分发挥高等院校学科优势，融合科协学会资源，探索建立以价值发现为核心的“技术券商”全链条服务模式，推动科技成果转移转化，是技术券商的核心价值。

第四节　持续优化税收营商环境

“税立方”是杨浦区税务局自 2017 年开始建设的服务品牌，以“全方位、立体化、集成式”的服务理念为指引，每年结合市委、市政府重点工作、社会经济发展热点、税收改革最新方向等，推出服务项目清单，为杨浦企业解决急难愁问题，是杨浦区税务局践行“店小二”服务精神的有力抓手。为了将学党史的成果转化为“我为群众办实事”的实际成效，杨浦区税务局围绕践行人民城市重要理念，服务杨浦“四高城区”建设，推出了“学党史·税立方百项系列行动”，共包含“服务杨浦‘四高城区’建设、立体式税费政策宣传、数字化智能办税缴费、创新式疑难问题解决、分级式涉税风险防控、融合式党建引领队伍”六大系列行动、共计 101 项具体工作项目，解决纳税人缴费人堵点、难点问题，持续优化税收营商环境。

一是以服务新经济发展为着力点，开展服务杨浦“四高城区”建设系列行动，打造有高度的税收格局。建立“学党史·大调研”工作机制，对标杨浦“十四五”规划经济发展主要任务，聚焦高新技术和高成长性企业，围绕“小巨人”“独角兽”“三个千亿级”产业集群代表（在线新经济、现代设计、智能制造产业）等开展大调研，走访企业321户，发现问题201个，解决问题198个，问题解决率98.5%。在充分调研的基础上，按照不同类型企业需求，提供针对性的税收政策辅导与个性化服务。比如，针对企业经常面临的当业务量突然增加时发票使用量无法满足需要的实际难题，杨浦区税务局实行增值税发票分级分类管理，满足企业合理开票需求，并且针对市级重点户、在线新经济等企业优化增值税发票审批流程，将原本5个工作日的审批流程提速到2个工作日之内，自党史学习教育开展以来已为小红书、达达等多家在线新经济企业缓解了用票难题。

二是以深化“税立方·专家三诊”服务机制为发力点，开展创新式疑难问题解决系列行动，打造有深度的精细服务。实施包括专家门诊、出诊、问诊在内的“税立方·专家三诊”服务机制。一是做实“专家门诊”，每日安排不同税种业务专家轮流“坐堂”，面对面帮助企业解决“疑难杂症”；二是做优“专家出诊”，当企业遇有较复杂的难题，可通过“杨浦税务”微信公众号预约登记，税务专家上门提供“出诊服务”。三是推出“专家问诊”，自党史学习教育开展以来，杨浦区税务局推出“问诊服务”，由党员业务骨干组成“专家团队”，根据企业发展阶段与涉税业务需求，主动安排“税务体检”，为企业“把脉问诊”，量身打造包含重点适用政策辅导、涉税风险提示等内容的“税立方·专家问诊报告”，帮助企业应享尽享税收优惠、规避涉税风险。按照“专家问诊”服务机制，杨浦区税务局党员干部每月进行1次“专家问诊”，每半年出具1份“问诊报告”。自党史学习教育开展以来，30户“五型经济”（创新型、服务型、总部型、开放型、流量型经济）企业已享受“问诊服务”，杨浦区税务局党员干部已开展月度问诊60次，形成问诊报告30份。

三是以优化离厅式自助办税服务为突破点，开展数字化智能办税缴费系列行动，打造有速度的智慧税务。针对杨浦企业办公地集中在创业园区的特点，为方便企业就近体验“非接触式”智慧办税，此前杨浦区税务局已在长阳创谷“创厢”开设上海首个离厅式自助办税服务厅。自党史学习教育开展以来，区局又将离厅式自助办税延伸至工商银行、环同济知识经济圈、湾谷园区等地点。以长阳创谷“创厢”离厅式自助办税服务厅为例，2021年已有107户次企业享受到“家门口”的发票领用或发票代开服务，平均每次可为企业节约时间1.5—2小时办税时间。针对园区内双创企业员工日常工作较为繁忙，无法在工作时间咨询涉税问题、办理涉税事项的实际困难，杨浦区税务局组织一批“党员先锋岗”业务骨干前往长阳创谷“创厢”开展“午间一小时”志愿服务活动，为园区企业与员工解答涉税难题，将便民办税“送上门”，让党旗在基层一线高高飘扬。

第五节 打通共建共治共享的“朋友圈”

正值暑假，同济大学建筑与城市规划学院景观学系副教授刘悦来忙得不亦乐乎。身为上海杨浦区的社区规划师，刘老师顶着酷暑，数度来到五角场街道五一居民区实地考察、座谈调研，和团队一起为该居民区内四个小区“打破围墙、实现社区融合”提供科学理性并且获得百姓认可的规划方案。与他一起参与方案设计、制定的，还有五角场街道的社区政工师、社区健康师，他们分别来自复旦大学和上海体育学院。

“我们主要从专业角度给出参考意见，居民区改造更新的最后方案还是要通过居民共同参与来实现。”刘老师说，家园是居民的，受益对象也是居民，专业力量加上社区自治共治，才能真正让居民满意。

以刘老师为代表的专家组、智囊团，其实是杨浦区近年来在加快构建共建共治共享社区治理格局的过程中，积极打造的“三师三顾问”团队中“社区规划师”的组成部分。“三师三顾问”，即社区政工师、社区规划师、社区健康师和社区党建顾问、社区治理顾问、社区法律顾问。

2018 年以来，杨浦区委积极践行“人民城市”重要理念，注重挖掘区域内“四个百年”（百年工业、百年大学、百年红色工运、百年市政）资源，不断丰富拓展“三师三顾问”党建品牌，激发区域人才“乘数效应”，不断凝聚协同治理强大合力。可以说，“三师三顾问”协同治理机制，是杨浦区不断深化大学校区、科技园区、公共社区“三区联动”，整合区域高校、企业等专业力量参与社区治理的独特方式。

与专业力量合作，在一线问需于民、问计于民。在杨浦创智坊开放式街区的一角，几片小绿地组成了“钢筋混凝土丛林中的都市田园”——创智农园，里面生长着栽种者精心挑选过的花草和农作物。有时，居民会带着孩子前来劳作，收获亲手种下的果实。这块由原先荒废的城市开发“边角料”打造出来的原生态花园，是杨浦“社区规划师”的作品之一，这里也成了上海乃至全国首个社区规划师驻场办公室。

2018 年 1 月，杨浦区举行社区规划师签约仪式，聘请 12 名来自同济大学规划、建筑、景观专业的专家一一对接辖域内 12 个街道，让过去“指点江山”的规划师们走进小区和弄堂深处，以专家视角和创意设计，推动基层治理与空间规划开展对话、深度融合。

谈及聘请社区规划师的初衷，杨浦区委组织部相关负责同志介绍，随着上海创新社会治理、加强基层建设的持续推进以及社区规划、建设和管理职能的下沉，对街道履行好公共服务、公共管理、公共安全相关职能提出了更高要求。建立社区规划师制度，就是通过与专业力量合作，在一线问需于民、问计于民，提高社区公共空间微更新、“里子工程”以及“睦邻家园”的建设水平。

社区规划师受聘后，杨浦区以党建引领“睦邻家园”为抓手，还探索聘请了复旦大学教授刘建军等一批社区治理顾问，引导他们开展“楼栋微整治、空间微改造、景观微更新”，出台了《“三微治理”工作导则》，打造了“睦邻门”、大学路街区自我管理、五环居民区“一脉三园、三区合一”、阜新路“口袋花园”“NICE 2035”未来生活原型社区等治理项目。杨浦区以共同理想、共同愿景，推动共同行动，培养共同情感，不仅改善了居民生活环境和城区功能品质，也融洽了社区关系，提升了归属认同。

找准高校党建与区域党建契合点，共建社区美好生活。2018 年 3 月，继社区规划师之后，杨浦区 12 个街道的居民们又迎来了他们的专属社区政工师。杨浦区域范围内有 10 所高校，思政、人文资源丰富。近年来“三区联动、党建联建”的不断深入，为进一步统一思想、凝集共识，整合党员教育管理资源奠定了基础。从日常调研来看，高校师生有“融入社区开展实践研究”的需求，社区群众则有“亲近校园接受人文熏陶”的渴望。彼此的强项，又恰恰是回应彼此需求的要素来源。为此，杨浦广泛开展区校党建联建，进一步挖掘各自核心需求和优势资源，深化拓展合作。“大家微讲堂·社区政工师”项目由此应运而生。来自复旦大学、同济大学等 10 所高校的 12 位“大家”，不仅成为杨浦“大家微讲堂”的月度主讲人，还分别与 12 个街道结对，担任社区政工师或社区党建顾问。他们结合各自的专业领域、研究方向，指导基层党建、社区党校等方面建设，强力推动高校思政、人文进社区、进园区。复旦大学中国研究院院长张维为用经历、数据和理论，与线上线下听众观众互动共情，阐释中国特色社会主义制度的独特优势，为年轻人注入自信、填充精神行囊，还积极宣传杨浦社区治理经验做法，不断为基层导入优质资源。“社区政工师”在东方网、阿基米德、哔哩哔哩等互联网平台得到更大展示，社区思想政治工作的影响力、传播力、感召力不断增强。

2020年，杨浦区精准聚焦新冠肺炎疫情后社会健康管理新要求和人民群众运动健康新需求，找准高校党建与区域党建的契合点，联手上海体育学院共同打造创新型社会服务项目——“社区健康师”。这一项目的实施，积极发挥了上海体育学院学科专业特长，系统整合校、医、企优质资源，由学校党员师生联合医务人员、科研人员、运动员、教练员等专业人士组成“社区健康师”团队，成为居民身边的健康指导员，定期深入社区，围绕“吃、练、防、调”四个维度，为百姓提供健康服务，共建社区美好生活，以“健康社区”行动响应“健康中国”建设。

从旁观者变为参与者、设计者、建设者、管理者。在以“三师三顾问”身份参与社区治理项目的过程中，来自高校的专家教授们总是与居民们进行充分的沟通互动，引导居民们理性表达意见，积极参与到社区自治和街区共治中。“微更新不仅仅是规划师的任务，必须让更多的居民参与进来，成为提案的主体力量，社区才会变得更美、更好。”刘悦来说。

在“三师三顾问”机制推进过程中，杨浦区通过转变工作思路，努力推动“社会管理”向“社会治理”迈进，激发了居民、社区单位、第三方力量等社会各界的参与热情，大家逐渐从旁观者变为参与者、设计者、建设者和管理者，形成了“社区组织引导、高校专业指导、居民参与主导”多元主体携手共建的良好局面。

以社区法律顾问为例，律师、人民调解员、退休法官等方方面面的法律专业人士，在面对环境整治、物业管理、邻里纠纷等社会治理疑难复杂问题时，给予具体法律建议，并不断完善听证会、协调会、评议会“三会”制度和社区协商议事规则。社区法律顾问还积极与居委会、业委会等一起开展项目调研、案例研判、评估验收，从社区自治共治的视角，挖掘居民群众骨干、凝聚自治力量。通过指导召开业主大会等方式，社区法律顾问们带动居民在“自治、共治、法治、德治”的社区治理框架内共同参与、达成共识，制定细化自治公约，将个案固化上升为社区治理制度机制，为后续社区治理工作提供参考借鉴。

长白新村街道社区法律顾问林卫等在处理安图居民区停车难问题时，组织召开了多场民意听证会，起草《小区停车位改造计划建议书》，公开征询居民意见、回应改造疑虑，参与方案设计。经过半年的改造，安图居民区终于实现了“绿化景观不减、立面景观协调、消防通道畅通、小区车位增加”等预期要求，居民们无不拍手称赞。

第六节　小区“睦邻门”打开居民“心门”

五角场街道伟德路、锦建路两侧是截然不同的两个社区，一边是2006年建成的创智坊高端社区，而另一边是20世纪八九十年代建成的国定一老旧社区。

这是一堵阻隔社区公共服务的石墙。两个小区的居民要获得墙那边的公共服务都不得不绕路走上20分钟。老小区的居民望着墙那边的创智农园、社区睦邻中心、大学路网红街、轨交10号线一脸无奈，新小区的居民望着墙对面的国定路菜场、医疗服务点、为老服务中心、政立路第二小学也心生感叹。这也是一堵阻隔不同社群融合的“心墙”。老旧小区设施陈旧，外来人口聚集，物业费较低，服务质量不高；高端小区房价高、物业服务好，居住人群以企业主、白领和高校教授居多。

居民区党组织听到了一些居民表达破墙开门的愿望，可真的提出这个议题又让两边小区的居民都顾虑重重。老小区居民半开玩笑地说：“隔壁小区是第一世界，阿拉小区就像第三世界。”老小区靠墙居住的居民和新小区居民也很纠结：“一旦开门，买菜、就医、送孩子上学是方便了，但环境、安全问题会不会接踵而来？出了问题谁来管？”调研对象中对破墙开门表示“非常同意”和“同意”的共占 87.5%，但是担心破墙开门有安全隐患的占 58.33%，对后期管理责任不放心的占 50%。可见“开门”很期盼，顾虑很现实。

五角场街道党工委深刻领会“人民城市”重要理念的要求，主动担当把破墙开门实现两个小区互通互联列入重要议事日程，开启了引领居民追求美好幸福生活之路。

一是引导需求，为“开门”形成共识。

设计“魔法门”：2016 年，社会组织以“创智农园”为载体，组织创智坊的小朋友在这道墙上手绘“缤纷魔法门”，启发居民打破隔绝状态的可能。

安装“潜望镜”：2017 年，引导居民通过墙壁上安装的潜望镜了解墙对面的社区生活，打开彼此认知的一条缝。

选好“主心骨”：2018 年，有创智坊工作经验的居委会干部当选国定一居民区党总支书记，创智坊也选出有朝气、有活力的书记，有经验、敢担当的党组织带头人成为两个小区融合发展的“黏合剂”，引导两个小区的党员探讨互通互联、共同发展的小康议题。

活动“促融合”：国定一和创智坊两个小区联合举办纳凉晚会、美食节、“你好，邻居”社区派对等活动，组织社区营造专家与居民开展社区营造讨论，以此促进了社区成员交流互动，打开居民的“心结”。

二是民主协商，让居民成为“开门”的主人。

尊重人民主体性，引导居民参与治理是关键。开门开在哪？安全如何保障？一系列的问题关系到居民切身利益。调查显示，96.36% 的被访居民认为“非常有必要”及“有必要”听取居民意见。两个居民区依托“百脑汇”议事堂平台，召集居民代表充分表达建议，党组织引导居民理性协商，从开口表达意见，到动脑设计方案，再到出力积极行动。

例如，设计的开门位置是国定一小区的一处死角，堆满旧冰箱、破家具等垃圾，杂草丛生、难以通行，党组织带着群众一起干，花了五个半天，用三轮车拖走了十多车的垃圾，为“开门”做好准备。

又如，住在老小区围墙的第一户管阿姨认为“睦邻门”边的透绿栅栏过低，有安全隐患，街道“睦邻门”工作组与设计师优化方案，在金属栅栏上用“政立路 580 弄”几个立体模块完美解决了围墙低矮的问题。居民提议再用和平鸽把字串联起来，提高密度更加安全，建议得到采纳。

还如，有工程经验的汤先生和李先生从最初对墙体改造极度不满的“倔老头”，转变为设计团队的“编外设计师”。两个小区终于解开“心墙”，打破“石墙”，于2019年3月建成了互通互联的“睦邻门”，同年11月完成“睦邻门”美化升级。

三是共治共享，因“开门”生活更美好。

弥合发展不平衡，提升居民小区环境和精神生活是落脚点。“睦邻门”打开了，新旧小区的两种发展状态形成强烈反差。五角场街道争取资金进行旧小区整体改造，完成楼体粉刷、路面重铺、墙壁透绿、社区花园建设、生命通道拓宽、停车位设定等，还添置儿童友好和老人友好设施。创智坊社区睦邻中心、无人图书借阅机、亲子阅读室及社区营造沙龙、农园青少年暑期活动等同时滋养着两个小区居民的精神生活。

“睦邻门”不仅仅是物理意义上的一扇门，更是促进社区融合发展的“感情之门”；既是居民民意所向的“共治之门”，也是体现基层党组织有诺必践、为民服务的“民心之门”。“睦邻门”的开启是党领导群众追求美好生活的生动写照，居民充分享受到了共同发展、关系和谐、当家做主、环境优美、文化富有的美好生活，也给人以启示。

五角场街道党工委贯彻落实市委要求，回应人民群众对美好生活的向往，打开“睦邻门”，让两个小区居民获得了愉快的社区关系、便捷的社区服务、健康的社区文化、优美的社区环境、温暖的社区归属，提升了社区的温度。

首先，党组织领导下的社区治理体系是成功开启“睦邻门”的组织保障。

开好“睦邻门”，治好社区事，必须要有完备有效的社区治理格局。“睦邻门”的建设过程中，街道党工委发挥总揽全局协调各方的作用，居民区党组织在发挥领导核心作用，从整合“三驾马车”（居委会、业委会、物业公司），到形成“五位一体”（居委会、业委会、物业公司、街道职能部门和执法部门），从党组织会议到“百脑汇”议事协商平台，从四叶草堂社会组织提供社区服务，到引入“社区规划师”专业力量，完备而有效的治理格局、治理体系、治理机制在发挥作用。

其次，充分尊重人民主体性创造性是成功开启“睦邻门”的重要环节。

人民更高水平全面小康从参与公共事务治理、承担社会责任的获得感和价值感中体现，从人民当家做主的主人翁意识中感受，社区治理必须充分尊重人民主体性。正如习近平总书记提到的：把政府和居民之间的关系从“你和我”变成“我们”，从“要我做”变成“一起做”。五角场街道没有替居民做主独断打开“睦邻门”，没有高高在上进行社区环境改造，而是倾听人民意见、协调人民利益、组织人民力量，人民既是服务的接受者，也是治理的行动者，引导人民参与治理，共建共治共享。

杨浦区深入践行“人民城市”重要理念，把握城市基层社区治理规律，从而真正让每位居民成为美好家园的建设者、行动者和享有者。

第七节　为人民群众建言献策、参政议政“打开门”

在人民建议征集工作中，杨浦拓展征集渠道，构建线上线下相结合的征集模式。“线下”，在继续畅通来电、来访等传统渠道的同时，通过街头随访、联合倡议等形式，多角度、多层次开展主题征集活动。“您发声我和弦”“工地开放日”“旧改听我说”等活动受到市民群众的广泛好评。“线上”，通过创建人民建议“直通车”“微信面对面”“滨江互动屏”等网络载体，为市民群众建言献策提供多种便捷化的网络渠道。

人民建议征集工作在杨浦区全面铺开，形成“三维”支撑。街道当好“代言人”。积极推动街道和居委会人民建议征集常态化，通过挂牌设立征集站、广布征集信箱等举措，让社区工作者和志愿者树立广泛听取群众建议的自觉意识，切实把“征集建议和为群众代言”作为开展社区治理的重要职责和途径。部门做实“店小二”。杨浦区各职能部门坚持从自身职责出发，落实“一网通办”等便民利民举措，与群众一起探索优化行业管理和社会治理的新途径、新方法。群众升为“评判员”。在前端，广泛发动群众来“批评”，找准发展建设和社会治理中的各类问题；在末端，紧密依靠群众来“评判”，对职能部门办理建议、落实整改、完善工作的情况给出中肯的评价。

杨浦区依托人民建议征集平台，实现了人民建议征集。工作从被动等群众“发球”到主动找群众“要球”“接球”的升级。

对标“生态之城”塑造“城市表情”。杨浦区绿化市容局、杨浦区城运中心通过扎实推进生态文明建设与市容环境保障工作，不断提高精细化管理水平与市民群众的满意度，各项工作取得了实实在在的成效：将“我为群众办实事”实践活动贯穿始终，解决群众诉求3365件；会同街道销项式完成158件市容环境保障整治任务；深化落实责任区管理“七个一”工作，推进创建12条（段）责任区管理示范道路和12家自律组织，规范指导全区户外招牌设置与管理，自治共治基础不断夯实。

2023年上半年，杨浦区干垃圾量600吨/日，同比减少6%；湿垃圾量452吨/天，同比增加31%；可回收物量326吨/日，同比增长22.5%，生活垃圾资源化回收利用率达57%，生活垃圾分类实效综合考评连续位列全市第一。

结合长江经济带生态环境突出问题整改，为进一步探索推进监测网络体系与城运网格系统的有效融合，构建生态环境“一网统管”应用场景大数据库，加强对区域内水污染防治和良好水体环境保护工作的科学有效监管，区生态环境局根据杨浦区地表水环境质量实际情况，在充分调查论证的基础上，计划建设四个水质自动监测站（含岸边站）。

紧扣民主协商善用“三会制度”。在解决小区公共管理和服务的过程中，长海路街道重视“三会制度”的实践探索，引导居民在解决社区公共问题中学会使用民主协商工具，开展有效沟通交流、达成共识。

以兰花教师公寓居民区为例，几年前，该居民区存在物业管理不力、历史遗留问题复杂、业委会成员力量薄弱等困境。为突破瓶颈，居民区党总支、居委会、业委会反复酝酿，决定为居民搭建一个协商议事的平台。通过公开招募、自愿申请、个别遴选等方式，招募了25个品行正直端正、关心社区事务、具有一定专长的居民，成立了“智多星议事堂”。议事堂根据成员的专长特点，下设一个综合议事小组和四个专业议事小组，制定《议事规则》，确定了调查研究、提出议题、开会讨论、形成方案、提请表决、推动执行、民主监督、事后评估等8个工作环节，保障群众关心的事务议而有决、决而有行、行而有果。

努力建好基层立法联系点。基层立法联系点是推进科学立法、民主立法和听取民意、汇聚民智的重要举措。2020年4月，新江湾城街道人大工委被确立为新一轮上海市人大常委会基层立法联系点。

根据市人大基层立法联系点工作规则，结合新江湾城街道实际，制定了相关工作制度，并着手组建“两团两队”：“两团”，即专家顾问团和新城智囊团。“两队”，即学生志愿者队伍和信息员队伍。发挥街道园区多、中小企业多的优势，将优化营商环境与立法联系点工作相结合，引导代表关注营商、企业关注立法。2021年5月，为配合做好《上海市促进中小企业发展条例》的修订工作，新江湾城街道将条例草案分送新城智囊团成员和区域内40家企业征求意见，共收集到8条意见和建议，最终采纳5条。2021年共上报《促进中小企业发展条例（修改）》《公共文化服务保障与促进条例》和《多元化解纠纷条例》三项法规作为参与意向，向居民和企业广泛征集意见，为高质量立法贡献力量。

第八节　发出决胜旧改攻坚战的集结令

“终于等到动迁这一天了，这一天整整盼了60年！”2021年9月18日，杨浦区平凉路街道64、71、75街坊和江浦路街道27街坊的居民迎来了“二次征询”正式签约。截至当日24点，两基地签约率分别达到99.36%、99.33%。随着这两个地块高比例达到旧改生效条件，杨浦今年已经累计征收超一万户，杨浦旧改大决战进入全力攻坚冲刺阶段。

居民翘首以盼的“安居梦”即将实现。进入10月，杨浦定海路街道的旧改基地热气未消。伴随着137街坊成功签约生效，环绕着平凉路、贵阳路一带的杨浦2022年最大成片旧改基地，进入了居民搬迁的最后收尾阶段。

平凉路2279号，是刘春红出生的地方。她年轻时是国棉十二厂的纺织女工，儿子出生后，为了帮补生计，她便辞职自己开店。1997年，刘春红的“斌斌食品商店”在平凉路上开业了，21.6平方米的房子“前店后宅”，临街一侧摆上货架和食品，里侧是卧室。24年来，一家店养活了三代人。

卧室只有8平方米，进门处放着洗衣机、衣柜，狭窄的过道连转身都极其困难。房间最深处刚好放下一张宽1.2米的窄床，床尾摆上一个小电视机，所有角落都用上，几乎不留任何空隙。夫妻俩每天白天在店里忙碌，晚上就“钻”进这个小窝里，那时刘春红经常对丈夫说：“再熬一熬，熬到孩子上大学就好了。”

2021 年 3 月，当一纸旧改征收告知书贴到平凉路上，刘春红满怀不舍地把这家以儿子的名字命名的食品店关掉。关上老房大门，旧生活从此落幕，老居民告别的不仅是一间老房，几件旧物更是大半辈子浓缩在弄堂里的青春岁月。

上海最后的两万户工人新村，即曾经的杨浦长白新村街道 228 街坊，将成为未来的“两万户”生活体验展示商业综合体，这个上海城市更新中的“奇迹”是如何实现的?

1952 年 5 月，上海市政府决定建造大批工人住宅，共建造了 2000 幢，可供 2 万户家庭居住，“两万户”因此得名。杨浦区长白新村街道 228 街坊，是上海现存唯一的成套“两万户”老公房。2016 年 6 月，长白 228 街坊旧改征收成功，居民搬离，上海人在成片“两万户”中居住的历史也画上了句号。此后，杨浦区将 228 街坊纳入城市更新项目，对整个街坊进行分区块保留和重建。

在 228 街坊的变迁史上，首创性地通过“三个 100%”协商征收模式实现旧改动迁是不可抹去的一笔。“书记，我是党员我带头，拆违先拆我家。”在旧改征收过程中，经常上演“党员带头”的故事。面对“三个 100%”的重大挑战，长白新村街道践行以“人民为中心”的发展思想，深入群众，依靠群众，发动群众，充分调动他们的积极性、主动性和创造性，最终顺利在短短 106 天内完成“三个 100%”征收任务。

“完成旧改后的228街坊，如果用作商业开发，可以实现一定的经济增长，但如今规划作为公共服务空间，一方面是为了保留城市的历史文脉，一方面是为了弥补长白社区在商业和公共服务配套上的空白。”长白新村街道党工委书记孙辉介绍，“长白228街坊的开发把社会价值纳入综合考量，恢复街区的公共服务功能。”而这正是“人民城市”重要理念的生动体现。

克服换届改选带来的难题。为了早日实现居民的梦想，杨浦的旧改工作一次次提速。早在2021年3月23日至3月31日，两个地块就开展了旧城区改建意愿征询工作，平凉路街道64、71、75街坊同意率达到99.25%、江浦路街道27街坊同意率达到97.99%。随后，杨浦区旧改办、征收事务所、街道旧改分指挥部坚持每周召开旧改工作例会，细化基地推进时间节点和工作要求，保持步调一致、有条不紊。基地推进期间，恰逢平凉路街道64、71、75街坊两个居委会换届改选，新任居民区书记要面临居民情况生疏的问题，给基地推进带来了不小的难题。

在这个特殊时期，为确保征收工作能够顺利推进，基地进一步完善工作机制，利用原居民区老书记社区情况熟、威信高的优势，由老书记作为居委与征收事务所联络员，发挥以老带新的桥梁作用。通过老书记走家入户，主动参与基地居民矛盾调解工作，有效化解家庭矛盾，消除居民疑虑，引导居民早签约早得益，为基地营造了良好的旧改征收氛围。

第九节　让养老更有温度

养老，是每个人都会面临的问题。为了让老年人能够安享晚年，近年来，杨浦不断加大养老服务投入力度，依托功能多元、形式多样的服务，让杨浦的老年人“老有所养、老有所学、老有所为、老有所乐”。

“睦邻小厨”解决老人吃饭难题。为解决老年人一日三餐吃饭难题，杨浦各街道陆续开设“睦邻小厨”，2021 年 3 月正式开业的四平路街道“睦邻小厨”，每天中午都会飘出阵阵香味。“老伴 86 岁，我也 80 岁了，经常来这里就餐，很方便。”居民李阿姨是这里的常客，自从这家“睦邻小厨”试运营以来，每天中午，她都要带上四个盒子来打包菜品。

针对老年群体，“睦邻小厨”还提供暖心的“开小灶”服务。除了每天推出的 12 道橱窗菜品外，“睦邻小厨”还为老年人特别推出一款老年套餐，三菜一汤仅 14.80 元。“睦邻小厨”负责人表示，餐厅在满足老年人口味上下足了功夫。“在为老人提供的套餐里，单独为他们做了几个菜，比如红烧狮子头，把它烧得很软烂，便于咀嚼，也易消化。”为了加快服务速度，节省顾客时间，“睦邻小厨”同期引进了一套智能餐饮管理系统。顾客把餐盘放在菜品的“数据读取区”上扫一扫，就录入了相应菜品信息，结账时，智能感应区域可以迅速算出总价。

近年来，四平路街道还通过“老伙伴”计划、“养老顾问”制度、时间银行互助养老、“银发无忧”、长护险，以及各类老年人喜闻乐见的活动，为社区老人提供政策咨询、互助关爱、精神慰藉、意外保险、养老护理等服务，满足老年人多元化、多层次的需求。

全龄共享的多代园综合体。位于控江路上的“多代园”是居民口中的网红打卡点，“这里可以提供‘吃喝玩乐’一站式服务。”多代园秉承“多代融合，平安宜居”的建设理念，致力于打造集养教康学乐于一体的社区公共服务场所，探索实现“全人全龄全家”的服务闭环。

2021年上半年，“多代园”综合体共接待服务居民约7320人次，组织开展了沪剧、时装表演、气功、手工编织、书法培训等教学活动共计566余场；接待参观590次；与优质社会团体开展创新合作，每月定期开展“便民服务”，为日托老人与来园活动居民举办“心灵绿洲”园艺活动等。

面对老年人多样化需求，“多代园”持续从硬件设施和软性服务两方面探索创新，构筑全龄共享新地标。控江路街道相关负责人表示，“多代园”立足社区实际，最大限度发挥服务设施的溢出效应，充分考虑到社区各年龄层居民的活动需要和服务需求。在运营实践中，“多代园”在扩展服务与活动项目的同时，完善优化服务内容，致力于构建集便民服务、专业服务、信息服务和社会组织孵化等功能为一体的综合型社区服务平台。

在控江路街道“多代园”，还有一间适老化改造体验馆供居民进行参观体验，多样化的场景设置吸引了很多居民，开放至今共接待居民达2675人次。作为居家环境适老化改造首批试点街道之一，控江路街道2020年在市、区民政局的大力指导下，立足辖区特点和老年人需求，扎实有效地推进“适老化改造”试点工作，已取得了初步成效。

杨浦区社会福利院服务升级。提到为老服务，荣获2020年度上海市质量金奖的杨浦区社会福利院可是火到“出圈”。杨浦区社会福利院成立于1988年，现有核定床位1295张，院内老人平均年龄88.6岁，失智失能老人占80%，是上海市中心城区最大的综合型公办养老服务机构。

《老人神还原世界名画》《乘风破浪的奶奶》《错位照》等深受网友关注的“爆红”作品，只是杨浦区社会福利院的“冰山一角”。福利院内的老人们“能歌善舞”，隐藏着很多“民间高手”。老人们把花园作为训练场地，天气好的时候，就来这里活动筋骨，一展歌喉。

近年来，杨浦区社会福利院导入“卓越绩效”管理模式，创立独具特色的“6+1”管理模式。“6”指的是机构养老、日间照料、社区养老、数字养老和实训基地相结合的“五加”综合服务方式；以精诚、精到、精细、精准、精确为要求的“五精”服务方法体系；以防跌倒、防烫伤、防走失、防噎食、防压疮、防床坠为指向的“六防”服务要素；以满足老年人精神需求的“银发”养老文化服务品牌；以完善分级责任落实的“分院SBU”管理架构；以重在打造专业化、职业化、综合化队伍的“三化”服务队伍。杨浦区社会福利院致力于提升养老服务人员的综合素质提升，例如：与高校开展合作，向院内不断输送专业人才；完善青年的培养机制，培养和挖掘养老人才等，近年来涌现出一批优秀的“90后”护理员。此外，杨浦区社会福利院还加大与辖区各大医院的合作力度，完善以老有所养、老有所医为基础，医疗护理为补充的全方位、多层次、广覆盖的健康养老体系。

第十节　减轻就医负担改善就医体验

近年来，杨浦区坚持以习近平新时代中国特色社会主义思想为指导，坚持以人民健康为中心的发展思想，积极践行“人民城市人民建，人民城市为人民”重要理念，在推动深化公立医院改革、建立分级诊疗和家庭医生签约服务制度、完善基本医保制度、健全药品供应保障体系、提升公共卫生服务能力等各项重点改革任务中取得积极进展，不断提升卫生健康工作能级和核心竞争力，服务杨浦“四高城区”建设。

围绕分级诊疗、现代医院管理、医保制度、药品供应、监管机制等，杨浦区开出一揽子医改“处方”，进一步聚焦重点、综合统筹、创新突破，深入推进医改工作。

构建具有杨浦特色的医联体。在分级诊疗方面，杨浦区构建具有杨浦特色的医联体，实现医联体管理整合、资源盘活、服务融合。推进杨浦—新华综合医联体、杨浦—肺科专科医联体、杨浦—长海脑卒中专病联盟、新华—市东医院儿科医联体、新华—市第一康复医院儿童康复医联体等建设，启动与复旦大学附属妇产科医院合作专科医联体；加快以杨浦区中心医院、市东医院为核心的区级综合医联体建设；完善中医、康复、精神卫生“1+12+X”区级专科联合体；依托长海、新华、杨浦区中心医院、市东医院四个胸痛中心完善区域胸痛救治网络；打造市第一康复医院残疾人康复医联体；以杨浦区中医医院为核心，打造上下联动、职责明晰、分工协作型的“岳阳—杨浦中医医联体”；持续推进以市第一康复医院为核心的区属康复联合体建设；做实区精神卫生中心上海健康医学院附属医院内涵，推进“全国社会心理健康服务体系建设试点”。

优化基层医疗服务供给。在推动分级诊疗的同时，优化基层医疗服务供给。杨浦进一步深化社区卫生服务综合改革，完善家庭医生签约服务。推进“三级医院——区域医院——社区”医联体、大学附属社区卫生中心及教学基地建设，启动区级安宁疗护中心、社区医院及示范性社区康复中心建设，探索“医体”融合的“社区健康师”健康管理新模式，加强社区中医、儿科、公共卫生等能力发展，提升“全专结合”“医防融合”综合服务能级。充分发挥基层全科医生的枢纽作用，积极培育家庭医生服务品牌，全面做实家庭医生签约服务，提升居民签约社区门诊就诊依从性，引导家庭医生服务向功能社区、养老机构延伸。

如何建立科学有效的现代医院管理制度？杨浦区通过杨浦区中心医院、上海市第一康复医院的试点，对标最高标准、最好水平，探索出一套适合杨浦区属公立医院特点的现代医院管理模式。同时，完善公立医院医疗服务评价机制，对公立医院医疗服务结果进行科学、全面评价。推进各级医疗机构“互联网 +”医疗服务的准备工作。推进区域性医疗中心建设，中心医院、市东医院入选上海市区域性医疗中心，市东医院通过二级甲等综合医院复评审，控江医院通过评审升为二级甲等综合医院。推进中医医疗联合体建设，7 名基层中医药人员通过考核被医联体牵头单位（岳阳医院）试聘。杨浦区中心医院、杨浦区四平社区卫生服务中心、上海市第一康复医院入选上海市首批老年友善医疗机构。

减轻群众看病就医负担。针对群众诟病较多的“看病贵”问题，杨浦近年来不断完善药品相关政策，减轻群众看病就医负担。推进“4+7”药品集中采购国家试点任务，通过药品和耗材招采机制改革，挤压流通领域水分、降低药品和耗材虚高价格；实施新版国家基本药物目录；统一辖区内、医联体内医疗机构慢性病用药的采购品种；启动中药饮片服务质量提升工程。同时，开展住院费用按大数据病组分值付费试点；探索以按病种付费为主的多元复合式医保支付方式。强化公立医院内涵建设，推动公立医院抗生素、辅助用药、高值耗材的规范使用，进一步规范医疗行为，降低运行成本。

持续加强卫生行业治理。怎样实现有效监管？杨浦一方面加大“放管服”改革力度，落实“证照分离”改革和“双减半”工作要求，积极推进“互联网＋政务服务”，满足社会经济发展对健康服务业的需求；另一方面不断完善政府监管主导、医疗卫生机构自我管理和社会监督为补充的多元化综合监管体系。实施医疗机构不良执业行为记分管理和医师不良执业行为记分管理。建立卫生、医保、公安联合执法机制，深入开展打击欺诈骗保、无证行医等医疗乱象专项行动。

持续加强卫生行业治理，以“一网通办”为主线优化行政许可服务，实现全部许可事项 60% 以上的全程网办，其中公共场所卫生许可事项全程网办达 100%。社区卫生服务中心电子证照申领率实现 3 个 100% 的目标。杨浦与台州、苏州等地的“新生儿一件事”、独生子女父母光荣证办理和申领等事项已实现跨省通办。

第十一节　老旧小区加装电梯进入“倍速模式”

智能平台打造加装电梯一体化服务。2021 年 9 月的一天，大桥街道举行了既有多层住宅加装电梯集中签约仪式，当天签约的 18 部加装电梯，分别来自引翔港、城建小区、杨家宅、长阳新苑、富天苑等 8 个居民区，由电梯代建公司分别与之签约。

大桥街道辖区面积 3.99 平方公里，户籍人口 10.13 万人，其中 60 岁以上老人占比约 40%。近几年，老楼加梯逐渐成为大桥街道居民的新诉求。经过前期评估，辖区内符合加梯条件的多层住宅近 700 幢。

2019 年，明丰苑小区在居民区党总支的带领下，克服种种困难，让居民从不理解到理解，从不同意到支持，打造了辖区内第一部加装电梯的“样板梯”。有了样板梯的成功经验，越来越多的居民萌生了加装电梯的想法。

2021 年以来，大桥街道以党史学习教育为契机，将加装电梯作为“我为群众办实事”的重点项目，于 2021 年 5 月成立了由主要领导挂帅的“既有多层住宅加装电梯工作领导小组”，从面上统筹、协调、推进加梯工作。大桥街道凝聚加梯代建单位、居民区、加梯志愿者三方力量，将过去的“一家用力”变成“多方参与”、将“各自为战”变成“统筹联动”，在推进加装电梯的同时，逐步提升社区基层治理水平。

在推进既有多层住宅加装电梯的过程中，大桥街道逐渐形成了自己的模式，即“1+8+1”工作机制：由一家专业单位负责加梯服务中心日常运行；将大桥街道辖区划分为8个工作区域，分别对应8个加梯代建单位给予技术支持；引进中国银行等金融机构，给予安全资金保障，助推加梯工作速度、质量再提升。

加梯服务中心通过“科学排查＋平台化管理”，自主研发“加装电梯智能化动态服务管理平台”。该平台面向居民、政府和企业，主要为开展加梯工作的采集和分析数据提供相应支持，如快速了解居民意愿、实时监控施工项目和高效管理入围企业等工作，实现居民、政府和企业的三联动，通过整合资源实现聚集实力优越的建筑设计公司、建筑工程公司、电梯公司，加装咨询服务公司，为居民加装电梯工作提供全方位一体化服务。

为了推进“创新加梯服务网点进社区”，打通居民服务的“最后一公里”，大桥街道还在8个工作片区按条件依次投放“加梯便民服务站”，它被居民亲切地称为“加梯盒子”，方便居民就近、集中表达加梯意愿，让更多居民早日实现加梯梦。

“加梯盒子”是一个长4米、宽2米、高2.8米的蓝色盒子，占地面积约一个车位大小，内设电子屏幕，有加梯专业人员现场解答问题。据悉，该电子屏和“加装电梯智能化动态服务管理平台”相连接，如果居民需要查询自己所居住小区加装电梯的事宜，都可以在“加梯盒子”内得到答案。

在“大桥模式”的推进下，如今大桥街道既有多层住宅加装电梯不断加速，为越来越多的居民圆了电梯梦。

殷行街道发起“加梯大赛”，实现0元装梯。2020年10月的一天，经历一年多的审批与多次协调，市光一村第一居委会春岚苑11号楼安装电梯奠基仪式终于顺利进行。该楼栋电梯，也成了小区里安装的第一台电梯。

市光一村是建于20世纪90年代的老公房小区，居民多为退休工人。“2019年3月，小区要加装电梯的消息第一次传来，居民都很高兴，但问题也随之而来。”居民王金兴说：“一梯三户，总价要71万。我们都是退休工人，一下子很难筹出那么多钱。”2020年，殷行街道正在协商申报街道备案的楼组有24幢，很多楼组都卡在出资问题上。于是，街道与第三方加梯公司探索了一种全新模式，由加梯公司代资建设电梯，居民不出建设费，只要付使用费。

加装电梯，需要形成一套固定的方法才能得到推广。殷行作为“0元加装电梯”第一批“吃螃蟹”的社区，总结成功的经验方法，形成“加梯指南手册”。在市光一村的项目中，电梯建设前期居民不用出一分钱，从居民开始使用之日起，再向电梯公司缴纳使用费，期限为15年，使用费按照层高比例分摊，6楼每年交使用费3100元，5楼2400元，4楼1800元，3楼1200元，2楼600元，1楼0元。15年后，电梯使用费将全部付清。

随着新电梯楼层的层层点亮，2020 年，“殷爱直达”加装电梯立功竞赛正式启动。各支参赛队伍以竞赛的方式合作攻难关，在机关工会会员和加装电梯临时党支部的合力下，殷行街道 20 万居民的电梯梦逐步得以实现。

第十二节 “五 +X”举措缓解停车难

停车难是一个老大难问题。杨浦区住宅小区停车泊位约 14.23 万个，夜间停车需求约 16.72 万辆，缺口达 2.49 万个，群众反响十分强烈。

停车难综合治理是践行“人民城市”重要理念的重要举措。杨浦区建设管理工作党委牵头组建杨浦区停车治理工作专班，政府机关、街道社区、企业单位各级党组织“破圈”融合，探索、推广“五 +X”停车综合治理模式，推动全区范围内停车矛盾逐步缓解，切实增强群众的获得感、幸福感。

一是推动“五个一点”共建共治新突破。即“规划新建一点”：结合外部规划新建绿地、公园、学校、民防设施、社区公共服务设施等政府投资项目同步建设公共停车设施，结合周边道路、老旧厂房、高架桥下空间、闲置土地资源等建设临时公共停车设施。“老小区内部改造挖潜一点”：促进老旧小区结合“美丽家园”建设及环境综合整治等工作，在尊重居民意愿的前提下，统筹利用小区内空余场地等资源，通过调整内部绿化、道路及平面布局等方式，挖潜改建、扩建停车设施。“道路临时停一点”：周边支小路道路具备夜间临时停车条件的，按照上海市道路停车场设置管理规定，对小区居民开放夜间临时停放服务。“公共停车共享一点”：指导住宅小区周边经营性公共停车场（库）开放共享。“机关企事业专用车库开放一点”：鼓励党政机关、事业单位、国有企业等在保障内部安全和秩序的前提下，将内部停车设施错时对外开放。杨浦区民防办党组主动排摸现有的民防设施，在确保民防设施战备保障的前提下，整合出江浦公园地下专用停车库 100 个车位与周边居民错时共享。

二是构建信息联通的智慧停车新模式。“X”即数字化转型提升资源利用效率。探索“上海停车”一网统管平台向社区延伸。深化应用控江路街道社区智慧停车信息管理系统，已接入 25 个小区、13 个商业停车场（库）、8 条道路停车点、3 个企业园区停车场的信息，通过“小区停车位实时监测数据 + 公共停车场实时信息 + 停车诱导小程序”，向居民提供全区域性停车诱导。在新华医院开展全市首个三甲医院停车预约试点，医院内部提供 100 个泊位可通过“上海停车”App 提前预约，同时协调周边紫荆广场和君欣时代广场等经营性公共停车场库向新华医院提供 70 个共享泊位，争取周边公共停车场（库）陆续接入新华医院区域停车线上预约功能。

三是培育基层自治的社区停车治理新样板。组织和引导居委会、居民、业委会、物业和社会力量等相关各方共同参与小区停车治理。江浦路街道辽源花苑小区以社区党建为引领，完成打破围墙、小区合并、共同改造，三个老小区打通后，不仅增加了30多个停车位，同时完成业委会合并、实现物业统一管理，更形成“辽源花苑党群议事会”的长效自治机制。沧州路180弄小区结合“美丽家园”建设，完成内部改造和停车位划设，增加车位160个。小区“三驾马车”在街道指导下将原本分散为4个区域、3家物业、2个业委会的小区管理整合为一家物业、一个业委会统一管理，小区进出车辆信息全部接入智慧停车平台，并完善停车管理公约、欠费追缴机制，约束不文明停车行为，形成良性循环。

推进缓解停车难的“五+X”共建共治，是将学党史运用于“我为群众办实事”的生动实践，也给人以启发：

一是党建引领，践行“人民城市”重要理念。通过停车难综合治理工作，各级党组织之间凝聚发展共识，在摸索区域化党建新模式中，缔结了更为坚实的“红色纽带”，深入推进实施民心工程，不断提升老百姓获得感、幸福感、安全感。

二是属地驱动，创新社会治理。充分发挥区、街道两级党组织、政府机构的“党建引领、政府主导”作用，尊重人民群众的主体地位，激发社区自治的主人翁精神和创新创造力，构建基层“群众自治圈”“社会共治圈”，推动基层社会治理水平的提升和群众急难愁盼问题的解决。

三是协作担当，共建共治共享。停车难综合治理离不开各部门、单位的协作担当。各部门、单位在“破圈”融合中，跨前一步，汇智聚力，以共建为根本动力，以共治为重要方式，以共享为最终目的，形成不断推动问题解决的行动合力，为满足人民群众对美好生活的新追求作出贡献。

第十三节　传承文化基因激发创新动能

作为习近平总书记在党的十九届四中全会后首个亲临考察的城市治理区域和“人民城市”重要理念的鲜明提出地，杨浦有责任有条件对“人民城市”重要理念进行深入宣传阐释、率先抓好贯彻落实，切实回答好“为谁发展城市”“发展什么样的城市”“如何发展城市”等根本性问题。同时结合“四史”学习教育，传承好红色文化基因，转换好创新发展动能，统筹好生产、生活、生态空间，改善好生产、生活、生态质量，努力建设生产、生活、生态幸福乐园。

留住记忆，传承城市历史文脉和文化底蕴。城市的历史、文化，经过漫长的沉淀发展，形成了公共记忆，成为城市的文脉、传统、气质和性格，也成为城市建设和城市发展的灵魂。杨浦作为上海近代工业的发源地、高等教育的集聚地、民族市政的中心地，将自觉站在历史和全局的高度，坚持以人民为中心，切实保护好、传承好、利用好百年工业、百年大学、百年市政“三个百年”的深厚历史底蕴和文化遗产资源，不断提升文化自信，全力铸造“人民城市人民建，人民城市为人民”的信仰之城。

高扬信仰之帆。1919 年，年轻的周恩来、邓小平、聂荣臻等革命者，从黄浦江畔启程，扬起信仰之帆，投入轰轰烈烈的留法勤工俭学运动。要进一步深入挖掘黄浦码头红色资源的思想内涵和时代价值，留住历史文脉、保存城市记忆，延续杨浦的文化史、城市史。

坚守信仰之源。面向建党100周年等重大题材，杨浦开展了红色系列活动，充分用好《共产党宣言》展示馆（陈望道旧居）的品牌效应，充分挖掘展示陈望道生平文献展品，支持以陈望道和《共产党宣言》为题材的优秀创作。同时，与复旦大学联建共建，举办《共产党宣言》展览，并进行巡展，讲好历史故事，找寻与时代精神的契合点，从而彰显杨浦的文化底蕴，提升杨浦的文化品质。

唱响信仰之歌。1935年，中共领导下的左翼电影公司——电通制片公司拍摄了电影《风云儿女》，其主题歌《义勇军进行曲》成为抗日战争凝聚中华儿女的精神之歌，后被推选为中华人民共和国的国歌。两年来，杨浦不断推进上海市爱国主义教育基地国歌展示馆的创新发展，深入开展唱响信仰之歌主题系列宣传，进一步激发杨浦人民的爱国情怀，弘扬爱国主义精神，培育社会主义核心价值观，更好服务新时代。

走好信仰之路。杨浦作为中国近代工人运动发祥地和产业工人集中地之一，在波澜壮阔的革命斗争中，为中国共产党的诞生、发展和壮大作出了不可或缺的贡献。杨浦区委宣传部与相关单位合作，宣传杨浦百年红色工人运动史，激活红色细胞，传承红色基因，坚定红色信念。

筑牢信仰之魂。近年来，“杨浦有股劲”已逐渐成为杨浦干部队伍的精神特质和信仰之魂，核心就是敢于创新、敢于争先、敢于攻坚、敢于担当的“四敢精神”。今后，应进一步弘扬“四敢精神”，鼓足“杨浦一股劲”，激发干事创业激情。

记住乡愁，提升城市治理能力和治理水平。推进城市治理现代化水平的提升，需要拓展城市功能、提升城市形象、挖掘城市文脉，让城市既跟得上发展，又留得住乡愁。

杨浦滨江是100余家大中型老工业企业的集聚地带，承载着杨浦工人的青春回忆。杨浦在滨江开发建设中，“传承工业遗迹”这条主线一以贯之，许多大型厂房得到保留，作为杨浦“近代工业摇篮”的重要见证物，留住了杨浦工人的“乡愁”。在城市转型发展的同时，兼顾延续城市历史文脉、保留城市历史文化记忆，这一做法也得到了习近平总书记的高度肯定。今后将结合滨江景观线的建设，推动杨浦滨江再生，协同打造全国首屈一指的中国近代工业文化遗址，打响“产业复兴百年杨浦”品牌。

在市委宣传部的指导帮助下，大力宣传杨浦滨江作为习近平总书记“人民城市”重要理念鲜明提出地的重大意义，宣传阐释“人民城市”重要理念的理论和实践价值，形成系统的可用于指导实践的理论成果，从而不断提升杨浦治理能力和治理水平，在上海建设社会主义现代化国际大都市的进程中，积极探索杨浦实践模式，逐步把杨浦滨江建设成中心城区“一江一河”的标杆区域。

培育动能，激发城市创新活力和发展动力。城市是一个文化共同体，具有文化贮存、孕育和传承的特殊功能，时间上是文化容器，空间上是文化磁体。文化是城市的灵魂，是城市内涵、品质、特色的重要标志。新时代背景下，文化创新已成为城市高质量发展的新动能。杨浦将以上海打造“上海文化”品牌为契机，传承创新“三个百年”文明。

一方面，聚焦城市文化、政府服务、居民素质、社会和谐、城市形象传播等文化因素，着力提升社会凝聚力、文化改造力、环境舒适力、科技创新力、区域影响力、参与协调力等各种软实力；另一方面，聚焦消费层级、创意力量和创新场景，关注大数据、智能化、移动端、云计算、神经元、类人脑、物联网、区块链等新科技产业，不断增强城市文化动力，从而为杨浦的城市转型、产业转型、生态转型和人文转型等高质量转型升级发展提供新动能。

聚焦文化品牌提升，重点抓好杨浦滨江国家文物保护利用示范区和杨浦滨江都市旅游治理现代化最佳实践区两个标杆示范区的创建。统筹推进时尚中心游船码头建设、老建筑修缮等，系统利用全区红色点位，实施红色文化自由行、配送游、微党课、好声音、VR 游、大师课、新创作、进地铁等转化项目，构建新旧融合城市更新治理现代化的头雁效应。另外，市、区联手建成中国近现代新闻出版博物馆，坚持“深耕传统、面向世界、拥抱未来”，展示新闻出版的历史文化和事业成果。

杨浦将始终坚持“人民城市”重要理念，重视文化传承，延续历史文脉，聚焦“留住记忆”“记住乡愁”“培育动能”，激发优秀文化的创新创造活力，不断推动经济高质量发展，为加快建成更加开放包容、更具时代魅力的国际文化大都市的一流中心城区，建设人民生产生活生态幸福乐园而努力。

第十四节　先进典型为杨浦发展注入精神动力

杨浦历史是一部红色历史，一部破解和回答中国共产党为什么能、马克思主义为什么行、中国特色社会主义为什么好的历史；杨浦历史也是一部共产党人坚持真理、坚守理想，践行初心、担当使命，不怕牺牲、英勇斗争，对党忠诚、不负人民的奋斗史。这部历史既可以通过环境和产业发展变化可触可感，也可以从时代楷模身上看到，更加生动形象。榜样的力量是无穷的。特别是一大批时代楷模、先进典型，带头带动群众投身杨浦发展的火热新时代，不断为杨浦发展注入精神动力。

发现、培树典型：把先进分子树成标杆和榜样。杨浦，即老沪东，中国共产党成立前这里就是马克思主义与工人运动的相结合地。党的创始人陈独秀在这里传播马克思主义，瞿秋白、周恩来、刘少奇等老一辈革命家在杨浦担任过领导职务，在党的领导下，工人阶级在杨浦开展了各种各样的革命斗争，也涌现出了以王孝和烈士为代表的一批工人阶级的先进典型。

新中国成立后，杨浦的工人阶级翻身做主人，在生产、科研、教育、社会生活中承担起奋发图强建设新中国的重任，中华牌香烟、上海牌手表、回力牌球鞋、凤凰牌自行车等一大批产品从他们手中制造出来，走向全国、走向世界。改革开放后，杨浦的工人阶级识大局、担责任，数十万人下岗再就业，承受改革阵痛并积十年之功完成转型创新的使命，让一个科创型新杨浦展现在世人面前。

伟大的事业必然孕育着先进分子和典型群体，在工人队伍中发掘和培树典型在杨浦有历史底蕴和传承基础，杨浦一路走来历经风雨，从国家层面到市级、区级涌现出多层次、多岗位典型群体，杨浦发展进步的背后最突出的是一张张鲜活的面孔。

完善、提升典型：把个体单元拓展到群体团队。杨浦把工人队伍中的优秀分子作为党的新生力量和基础，发现岗位好苗子后采取组织培养、岗位锤炼、组建团队、提供舞台的方式，给先进分子发挥作用和价值最大化的舞台。革命年代通过纳入党的组织给予培养和历练，从党员到党小组长、到基层领导、再到更高层面领导，党的事业从来都是与人的带动和成长进步同步的。新中国成立后社会主义建设时期，党把企业党组织建设成为企业领导核心，发挥基层组织的领导作用，通过将工人队伍中掌握先进文化和工艺、爱岗敬业甘于奉献、追求进步、在职工中有威望的先进分子培养成为典型，作为进步力量的标杆和身边学习榜样，把个体作为群体的一分子发挥引领和带动作用，实现了力量的集聚和有效组织，完成了从单元到整体的能量提升。

升华、放大典型：把先进事迹转化为精神信念。党的领导是通过基层组织和党员实现的。杨浦把一个典型作为一所学校，一项工作一次检验、一次任务一次评价、一次挑战一次总结，工作件件落地，结束事事认定，用工作成效检验评价责任人，因此形成了比学赶帮超的追求进步和贡献的成长氛围，为典型成长和脱颖而出营造了积极向上的良好环境氛围，造就和出现了不同时代、不同时期、不同岗位都有先进典型群体，这个群体为党的组织不断赋予生机与活力，并作为群体力量昭示着未来与进步。杨浦把先进典型作为基层党建的重要抓手，把不间断地发现、培树和完善、提升典型作为日常工作的基础。与此同时，对进入国家层面认定的典型深入发掘精神品格和信仰追求，通过组织全区开展学习活动和事迹报告会现身说法，把典型提升到思想教育层面放大和转化，最大限度地发掘和发挥典型的影响带动作用，打造区域特色精神文化和倡导干部队伍应具有的时代和岗位精神，形成整体攻坚和进取氛围，推动杨浦克难奋进、转型发展，努力开创各项工作新局面。

传承、赓续典型：把过去和当下串联成为地标。典型具有时代性和代表性，是各阶段社会发展的标志。但是，杨浦在运用典型、发挥典型示范引领的过程中，既注重培育当下发展所需岗位典型，营造典型脱颖而出的环境氛围，同时更注重典型的恒久生命力和新老传承。

最典型的例子就是新中国第一代劳模黄宝妹。黄宝妹已退休多年，是 90 岁高龄的老人，每遇重大活动和节日，区里、街道、居民区和相关部门都会请她出场。2019 年 11 月 2 日，习近平亲临杨浦滨江视察，黄宝妹在滨江党群服务站以亲历见证人的身份向他介绍杨浦滨江变迁。2021 年 6 月 29 日，习近平在人民大会堂为黄宝妹同志颁授了“七一勋章”。

另一位典型代表是 2019 年获“人民教育家”国家荣誉称号的于漪。她是全国基础教育界唯一获此殊荣者。于漪老师 1951 年从复旦大学毕业后，从未离开基础教育。她从语文教学改革起步，推动全国语文课程教学综合改革，研究教师教育，培养一大批青年教师，被誉为“精心育人的一代师表、潜心教改的一面旗帜”。2018 年 12 月 18 日，党中央、国务院授予于漪同志“改革先锋”称号，颁授改革先锋奖章。2019 年 9 月，于漪入选新中国成立 70 年“最美奋斗者”。

2020 年，杨浦区举行劳模先进表彰会。会议指出，全区上下要大力宣传劳动模范和先进工作者的典型事迹，讲好劳模故事、劳动故事、工匠故事，推动劳模精神进机关、进校园、进企业、进社区、进园区、进营区、进商圈、进网络，做好劳模关心服务工作，进一步营造学习劳模、尊重劳模、崇尚劳模、争当劳模的良好氛围。激励广大劳动者以劳动模范为榜样，用劳模精神激发干劲，用劳动精神鼓舞士气，用工匠精神凝聚力量，努力学先进、赶先进、创先进，推动更多劳动模范和先进工作者竞相涌现。同时，要紧密结合人民城市建设实践，全力营造劳动最光荣、劳动最崇高、劳动最伟大、劳动最美丽的社会风尚。

习近平总书记指出：“新时代是需要英雄并一定能够产生英雄的时代。”伟大事业呼唤着时代英雄和楷模，时代英雄和楷模记录和推动了伟大时代。杨浦走出的“人民城市人民建”之路，是靠以英雄和时代楷模等一大批典型带动的群体推动力量实现的，面向“十四五”确定的“四高城区”的目标，杨浦正在组织动员全区人民共建共享，必然会有新一批典型群体和时代英雄的诞生！

第五章

践行“人民城市”理念，破解“天下第一难”

2019 年 11 月，习近平总书记在上海考察时提出了“人民城市人民建，人民城市为人民”的重要理念，强调在城市建设中一定要贯彻以人民为中心的发展思想。为深入贯彻落实习近平总书记考察上海重要讲话精神，将重要指示转化为具体实践，2020 年 6 月，上海市委召开十一届九次全会，审议通过了《中共上海市委关于深入贯彻落实“人民城市人民建、人民城市为人民”重要理念，谱写新时代人民城市新篇章的意见》，指出要把握人民城市的根本属性，始终坚持人民至上，把人民的主体地位、发展要求、作用发挥贯穿于城市工作的全过程和各领域。……让人民群众真正成为城市发展的积极参与者、最大受益者、最终评判者。为此，上海在城市旧区改造中将人民城市理念应用于旧改征收工作实践，转化为破解上海“旧改”难题的具体行动，持续创新旧改体制机制和方式方法，通过旧改让生活在上海这座城市的居民实现“安居梦”，让上海这座人民城市的发展更具活力和生机。

第一节　案例背景

城市旧改征收是关系到民生福祉的大事，也被称为“天下第一难”“最难啃的硬骨头”。推进旧区改造，解决上海老百姓的住房困难问题一直是上海市委、市政府最重视的民生工作。2007 年，时任上海市委书记的习近平到黄浦区调研，看到十六铺、董家渡的大片旧区时，他就说，“旧区改造一定要坚持推进，不能让老百姓在这么破旧的房子里生活下去了”。近年来，上海在践行人民城市理念，破解城市“旧改”难题上不仅有理念，更有行动。2020 年全年，上海完成旧区改造 75 万平方米，受益居民 3.5 万户，分别达到原定目标的 136% 和 125%。其中，黄浦区作为上海旧改任务最重的城区，“十三五”期间，累计启动 35 个旧改项目，完成收尾 31 个项目，旧改受益居民超过 5 万户。三年间，黄浦区更是实现了旧改征收总量的“三次飞跃”：在多年保持 5000 户的旧改推进规模后，在 2018 年突破 7000 户，2019 年突破 1.2 万户，2020 年又突破 2.1 万户，大批居民通过旧改大幅改善了居住条件。在这当中，外滩街道宝兴里社区更是创造了令人惊叹的旧改奇迹。

外滩街道宝兴居委辖区东起福建南路、南至金陵东路、西至云南南路、北至宁海东路，区域面积 51952 平方米，是典型的老旧小区；辖区内居民住宅以二级旧里为主，仅有一幢商住两用楼。截至旧改启动时，户籍人口 6414 人，常住人口 6556 人，其中 1755 人是外来人口，是典型的“老外”小区。户籍人口中有 60 岁以上的老人 1519 人，其中 90 岁以上老人 96 人。除了老人多、外来人口多，社区中困难人群也比较多，有残疾人 254 人，失独家庭 8 户 10 人，伤残 14 户 24 人，低保 47 户 81 人，特困供养 3 户，重残无业 1 人。辖区内还有 337 个大大小小的社区单位。宝兴居委会的前身是1949年12月成立的宝兴里居民福利会，这是上海第一个、新中国第一批在党的领导下由居民自发成立的居民自治组织，其初衷就是为居民谋福利。1949年上海解放之初，人民政权立足未稳，宝兴地区治安形势严峻，环境脏乱不堪，居民生活困难重重。王怡白等共产党人带领组织，发动并依靠群众力量解决了宝兴里居民生活和社会治安等问题。1949年12月，“宝兴里居民福利委员会”在宝兴里宣告成立。1951年4月，宝兴里居民福利委员会更名为“宝兴里居民委员会”。此后，在上海发展的每一个重要历史时期，宝兴居民在党组织领导和居委会带动下，积极支持国家，建设家园，服务自己。

进入新时代，随着上海城市建设的快速发展，这片外滩建筑群背后的典型老旧小区，与周边光鲜亮丽的现代化街区相比反差很大。宝兴里作为上海开埠之初最早建造的石库门弄堂房子之一，是典型的老旧居民区，居民住宅以二级以下旧里为主。由于建造年代久远，旧改前宝兴里的很多房屋已破烂不堪，公共基础设施陈旧，无论是房屋结构、内外墙粉刷还是管道、排水、区域道路系统，均有不同程度的损坏。许多居民的居住条件仍然逼仄破旧，户均居住面积狭小，只有12.6平方米，连全市户均面积的1/5都不到，而且普遍缺少独立的厨卫设施。近年来，宝兴里虽经历了数次“微更新”，但仍然无法从根本上解决居住困难的问题，旧改前还有一半的居民家庭没有条件安装卫生设施，居民期待改善居住条件的呼声十分强烈。

面对群众急难愁盼的紧迫问题，上海市委市政府将宝兴里作为为民解难题、办实事的重要“责任田”，以及“不忘初心、牢记使命”主题教育和“四史”学习教育的结合点、基层实践点。市委书记李强将黄浦区宝兴居民区作为自己主题教育基层调研点和“四史”学习教育党支部工作联系点，三赴宝兴里开展旧区改造调研，深入思考和研究破解旧改难题的思路办法，通过解剖麻雀、以点带面，着力搞清楚现阶段旧改这一民生难题的症结所在，亲自协调解决旧改征收中遇到的容积率、市区土地储备联动机制改革等难点瓶颈问题，指导推动全市旧区改造和城市更新全面提速。2019 年 7 月 8 日，时任市委书记李强第一次来到宝兴居民区实地调研，在走访结束后召开的宝兴居民区党员、居民代表座谈会上，他强调，要认真回应群众最需要解决的诉求，尽全力解决好老百姓的操心事、烦心事、揪心事，让人民群众居住生活更方便、更舒心、更安心。他指出，旧区改造既是民生工程，也是民心工程。要下更大决心、花更大力气，加快推进旧区改造和城市更新，在破解民生难题中进一步强化宗旨意识，努力让工作生活在这座城市的人们更幸福。黄浦区委也把宝兴居委所在地块的旧改工作作为“不忘初心、牢记使命”主题教育的结合点和实践点，以宝兴地块作为为民解难题的试验田，将宝兴旧改作为激发干部干事成事的大舞台，强化责任担当，践行初心使命，确保让居民在旧改中真正解决困难，得到实惠。

在上海市委市政府对旧改民生问题的高度重视下，在宝兴里居民对旧改工作的支持、参与和配合下，宝兴里旧改征收工作人员创新群众工作机制和方式方法，走好党的群众路线，放大民生获得感，紧紧依靠广大党员和人民群众，用极大的恒心、耐心、决心和雄心，创造了172天实现1136证居民100%自主签约、100%自主搬迁的“双百奇迹”，并实现大规模地块“零执行”，从而为全市打造出中心城区大体量旧改的“宝兴里样本”，以新时代旧改征收的生动实践，诠释了“人民城市人民建，人民城市为人民”重要理念。

第二节 瓶颈问题

对于旧区改造，虽然宝兴里居民是“天天盼旧改，日日望动迁”，但真的旧改征收到眼前了，就会出现一些现实的问题，特别是在宝兴里这个历史久远的旧式里弄开展征收工作，存在着天然的难点和问题。

一是征询前的“两清”工作面临的情况。根据《上海市国有土地上房屋征收与补偿实施细则》的规定，确定房屋征收范围后，房屋征收部门需要组织被征收人、公有房屋承租人进行一轮意愿征询和二轮房屋征收补偿方案征询，两轮征询的同意率均超过规定比例后，方可实施征收。而在进行一轮意愿征询前，工作人员需要做一项基础性的、但对之后推动两轮征询意义重大的工作——“两清”。所谓“两清”，一个是搞清楚房子的承租人是谁，另一个是搞清楚房子的户口里有哪些人，以及这些人跟承租人是什么关系，说白了就是把每户人家的基本情况搞得清清楚楚。宝兴里地块里的房子都是公租房，产权是属于国家的，虽然一张房卡的承租人只有一个，但因为宝兴里从90年代就多次传出要动迁，导致许多居民把家里亲戚的户口迁进来，以至于有些房子里面挂着十几个户口。另外，由于历史久远，许多承租人的信息发生变化，承租人死亡、搬走、联系不上等情况很多，要在短时间里把每户人家的基本情况搞得清清楚楚，难度极大。

二是宝兴里居民对征收补偿的期望值普遍比较高。宝兴里地处上海市黄浦区外滩街道，地理位置优越，周边房价高企，在其一公里半径内的周边，北边是南京路，西边是上海大世界，东边是豫园和外滩，南边是淮海路，这样的地段就是放在整个上海的中心城区，都是黄金地段中的黄金地段。因此，居民虽然知道宝兴里居住面积小、建筑老旧，但大多怀着这里地段好，补偿价应该更高一些、补偿面积可以更多一些的心理。特别是市委书记李强 2019 年 7 月 8 日和 9 月 20 日二次赴宝兴里调研，为宝兴里旧改按下“加速键”的同时，也让许多居民心态发生变化，觉得宝兴里旧改征收是市委领导关心的项目，政府必然会想尽办法去推动征收，从而进一步提高了对征收补偿标准的期待。在征收过程中，居民们私底下对宝兴里征收均价一度被传到了 8 万元 / 平方米，更有甚者，有些居民认为 10 万以上都不是没有可能的。但实际上 2019 年整个黄浦区旧区改造的征收均价也只是 5 万元出头，而宝兴里在征收定价认定中还属于老式旧里。居民们对宝兴里旧改征收补偿过高的期待值，给宝兴里的征收工作带来特殊的难度。

三是居民各家情况不同，对旧改的想法和顾虑也各不相同。在不少居民的眼里，这里居住了几十年的老房子等同于祖宅，有故土难离的情结，特别是一些居住条件相对较好的老年人不愿意离开，从一开始就对旧改有抵触心理。还有不少居民习惯了住在繁华的市中心，担心搬到新的地方后配套设施（如学校、医院、菜场等）不完善。家里有老人的对老人们看病就医比较在乎，如果搬到郊区，日常打针、输液、拿药可能不方便。宝兴里的日托所，虽然空间狭小，但很好地解决了老人差别就餐和日常护理养护问题。一些有孩子的家庭也担心搬到郊区后教育资源不如现在。在 90 年代出现的下岗大潮背景下，为了解决就业问题，好几户居民都办理了个体营业执照，在底层做起了餐饮生意。现如今很多门面又转手租给了别人，而这些店由于已经开了很多年了，有不少老顾客，再加上这里地理位置比较好，一旦搬离就没有这个便利了，所以不太情愿挪地方。因此，有的居民讲我们宝兴居委地处繁华市中心，要搬的话想搬到近一点、好一点的地方；有的居民讲，搬出去了，个人居住的条件肯定会得到很大的改善，但跑得太远太偏，交通也不方便，怎么办？

四是老城区居民旧改可能会引起一些家庭矛盾集中爆发。宝兴里作为一个从解放前就存在的居民区，许多居民家庭情况复杂，再加上二十多年来因各种动迁传闻，有的家庭迁入了不少亲戚的户口，而现行“数砖头”的征收政策与以前“数人头”的动迁政策完全不同，因此面对安置后的利益分配，大量家庭的遗留问题和历史矛盾会浮出水面，这使得居民们既迫切希望借由旧改改善生活，但也担心要直面小家内外各种隐藏的矛盾，要与手足、亲属进行涉及利益的纠葛。比如在宝兴里征收中有户人家，老人还在医院里住着，兄弟姐妹 4 个人都想做主，大儿子把蓝本租赁房卡拿在了自己手里，小女儿把户口本揣在了自己兜里。旧改征收中一些家庭亲人之间为了利益反目，谁也不肯让步，家庭矛盾十分突出，常常导致征收工作陷入僵局。

五是因为房屋历史上的一些问题容易引发居民对征收公平性的质疑。宝兴里房屋历史久远，各家房屋情况不尽相同，存在不少历史遗留问题，许多房屋都存在历史上的违建、改建等情况，在征收补偿认定时往往因对房屋类型、评估价格、阁楼和灶披间系数的认定，以及征收补偿价格、安置房源等不满，怀疑征收的公平性而导致居民对旧改征收产生抵触思想和过激行为。

2020 年春节前后，“新冠肺炎”疫情暴发，全国各地迅速进入疫情防控的特殊时期，而疫情暴发时却正是宝兴里旧改动迁的关键时期。宝兴居民区作为正在征收的旧里地块，困难群众多、进出人员杂、弄堂四通八达、基础设施薄弱，疫情防控难度很大。如何化危为机，在严格防控疫情的同时做好旧改工作，把“宅在家中”的防疫期转化为推动旧改的战斗期，这些都对宝兴里旧改征收工作提出了更大的挑战。

第三节　主要做法

一、上下贯通、条块联动，形成旧改强大合力

在市委、市政府的关心支持下，由市旧改办牵头市相关部门与黄浦区建立了市区联合推进工作小组，由市住建委分管副主任和黄浦区分管副区长担任双召集人，下设项目工作组，由市旧改办和区旧改办牵头、

各相关部门共同参与，对宝兴里旧改项目推进主要节点、资金安排、手续办理等关键问题进行了深入研究，并按照各自职责分工全力以赴推进落实。为确保旧改征收工作的顺利实施，一轮征询前，市旧改办专门召集市发改、财政、规划、房管等相关部门进行专题研究，提出继续通过市区联合土地储备的方式推进项目实施。通过市区联手，进一步完善了项目盈亏平衡方案和投资估算报告。在旧改资金上，确定了金陵东路北侧旧改项目征收总投资由市、区各分担 50%，项目启动资本金由黄浦区先行安排，后续相关资金由全年市级财力安排，以保障项目正常推进。在征收项目盈亏平衡上，在市规划资源局的指导支持下，黄浦区结合老城厢扩大地区城市设计，统筹考虑老城厢环内和环外的风貌保护和城市更新，将环外的金陵路沿线确定为老城厢环内容量转移的承接地区，适当提高金陵东路地区开发容量，综合考虑地下空间开发，项目地上也适度增加居住体量，从而尽最大可能实现宝兴里旧改项目的盈亏平衡。在旧改征收的全过程中，黄浦区与市住建委、市旧改办、市发展改革委、市规划资源局、市财政局、市房管局等相关部门始终保持密切沟通和对接，市区联手稳步推进项目各项工作的推进。

在坚持市区联动的同时，黄浦区各职能部门与街道条块联动、合力攻坚，按照“意愿征询、征收签约、开发建设”三个阶段的任务框架，以“2019 年签约征询、2020 基本收尾、2021 土地出让”为关键时间节点，深入梳理旧改房屋征收过程中的每一个法定环节，根据“能并不串、能细则细、能早尽早”的工作导向，进一步将第二轮签约前的各项基础准备工作细化为“3 大阶段、17 个节点、34 个子项”，明确任务清单、任务节点和工作内容。在市区共同努力下，宝兴里旧改征收着眼于旧改、建设、运营等全周期管理环节，坚持规划先行、品质为先，坚持工作前置、并联推进，将旧改启动到土地上市 5—6 年的常规周期，整合压缩形成三年行动方案，努力探索构建高效率、高质量的民生改善新模式。

“两清”工作是征收前的一项基础工作，但由于宝兴里地块人员情况复杂，“两清”工作遇到许多特殊的情况。为做好“两清”工作，在市、区两级政府和公安、房管等职能部门的支持下，工作人员“八仙过海，各显神通”，通过各种方式找出居民联系方式，并挨个打电话或上门沟通。宝兴居委的工作人员按照日常工作中就实行的分片包户制度，分片负责对应被征收家庭，外滩街道的班子领导和三十多名机关干部也在第一时间支援到了“两清”工作中去。在各方的大力支持下，尽管宝兴里的“两清”工作遇到了各式各样的麻烦，但所有人员均在一周内高效完成了包块内的“两清”工作，并把收集到的材料交到了征收所手上。

二、把旧里群众当亲人，在征收工作中践行党的群众路线

（一）坚守为民情怀，把居民的征收事当成自己家里事

旧改征收，事关群众切身利益，宝兴里旧改之所以能实现“零强迁”，背后既有“硬核”政策的支撑，也有“温情”服务的担当。旧改工作事关群众居住条件改善，事关群众生命安全和身体健康，直接检

验着各级领导干部对人民群众的感情。李强在宝兴里调研时多次强调，“旧区改造既是民生工程，也是民心工程”，要“把旧里群众当亲人”。在宝兴里旧改推进中，李强两个多月里两次来到宝兴里调研，实地指导推进旧改。时任市委常委、组织部部长于绍良先后多次亲临现场指导，直接深入到居民家中了解情况、核实问题、解决难题。黄浦区领导带头包干到户，和居民开展一对一、面对面谈心，推动签约。市区职能部门主动靠前做工作，在一线解决棘手问题。地块所属的外滩街道党工委成员全部上阵、包块入户，每位党工委委员包干 100 到 300 户旧改居民，有情况随叫随到；街道干部下沉基地，分片包干、责任到人；居委会工作人员利用与居民熟悉的优势，发扬“用尽千方百计、说尽千言万语、不怕千辛万苦”的“三千精神”，走百家门，知百家事，解百家难，充分发挥旧改黏合剂、润滑油的作用，硬是在居民和征收所之间搭起了相互信任的连心桥。把旧里群众当亲人，把居民群众的旧改征收事，当成自己的家里事来办，成为宝兴里旧改中的一项基本工作原则。

“在旧改这样一件既涉及群众切身利益、又涉及城市发展的大事实事上，党和群众的目标是一样的，群众不仅是旧改的受益者，也是城市更新的贡献者。在工作中，我们深深感受到，正是因为居民群众相信党和政府，所以愿意提出诉求。即使暂时不愿意签约，背后也是有切实困难和矛盾存在，我们尽力帮助解决。”黄浦区旧改办专职副主任朱佛海说。宝兴里弄堂一户居民，有一处临街门面房在此次征收范围，此前迟迟不肯签约。他提出，想让他签约，要帮他找一套同样可经营的门面房。看他想继续经营的愿望迫切，朱佛海等协调相关区属企业按照他的要求，为他物色了一些适配的门面房。考虑到他年事已高，又观察到他原来经营的门店生意不太好，朱佛海从这户居民的角度出发，劝他不要再如此辛苦继续经营。这户居民看到政府很有诚意帮助自己解决问题，也考虑到自己身体状况，不再坚持要门面房，主动完成了签约。在征收中，工作人员始终注重营造“邻里一家”氛围，比如有居民认为动迁房太偏僻，居委会就提供了大量已经选择的案例，“几号几零几也住那边，你们还可以做邻居”，毕竟是老街坊有感情，居民听到了，心里也热乎乎的，感到工作人员把他的事放心上了。

（二）发扬党的优良传统，走好新时代群众路线

旧改被称为天下第一难，难就难在做群众工作。旧改征收中居民迫切想改善生活，但补偿款可能与心理预期存在落差，旧改征收也让一些家庭内部矛盾暴露出来，利益、亲情纠葛在一起，就造成了旧改征收中一个个难以签约的家庭……在宝兴里旧改中，各级干部发扬党的优良传统，实行“一把钥匙开一把锁”，用老办法解决老问题、用新方法解决新矛盾，在实践中不断探索和创新群众工作方法，并总结凝练出管用好用的宝兴里旧改群众工作“十法”，有力推动了旧改的提速提质。一是一线工作法。干部到一线下沉、问题在一线发现、资源在一线集结、工作在一线推进，通过一级带一级的组织体系，推动党员干部把旧改工作做实、做到位。二是精准排摸法。宝兴里旧改中，基层干部发扬工匠精神，并依托城市运行“一网统管”等大数据分析，逐一排查全面摸底，

整合各种信息、加强关联分析，把调研工作做准做细，为精准对话和服务提供了基础。三是党员带动法。通过党员们带头示范、现身说法，带动居民签约，这是优良传统也是老办法、最管用的办法。四是危中寻机法。旧改遇上疫情影响，黄浦区通过危中寻机、化危为机，把疫情影响期变成了“增进民心期”。五是平等交流法。一线干部们在征收中既讲征收动迁政策的“普通话”，又讲居民容易听、听得进的“上海话”，以平等交流的方式去打开居民的心扉。六是循序渐进法。工作人员做动迁居民的思想工作时坚持稳中有进、把握节奏，因时因情因势，能快则快、该慢则慢，循序渐进地开展思想工作。七是钉钉子法。基层干部采取难与易统筹推进，一开始就瞄准重点户，不断登门讲道理、做工作，不厌其烦地对话。有一位征收对象家住松江，一开始不愿意与征收所人打照面，工作人员先后十多次前往松江区，居民都不让进门，每次工作人员就在门外耐心等候，慢慢地时间长了，居民就打开铁门，隔着纱门聊几句，再后来，终于打开门，让征收工作人员进屋谈，最后终于打开了心结，如期签约。八是换位思考法。旧改是利益和矛盾的集中点，有时对于居民的抱怨甚至骂声，基层干部更多地站在居民的立场上思考问题，从而在情感上增进了与居民间的理解和信任。九是组合拳。工作人员把解决群众的操心事、烦心事、揪心事当作分内事，精准对接居民需求，打好民生保障的“组合拳”，尽力而为帮助居民解决好遇到的问题和困难。十是经常联系法。随着旧改居民搬离，宝兴里遇到了党员人户分离新情况，对此宝兴居民区党总支积极探索推出人户分离党员联系服务机制，对搬离的党员居民时时关心、处处挂怀。宝兴里旧改的实践证明，做好群众工作是一门大学问，只有用心用情、倾心倾力、务实创新，才能把党的群众路线走实走好。

（三）善作善成，做好征收后的服务工作

旧改工作，不仅仅只是为了让居民签约、搬走，居民的生活才是工作人员最牵肠挂肚的事。宝兴里的基层社区干部并没有在居民签约之后就一切甩手不管，而是继续做好服务，千方百计帮助居民解决各种问题。孙阿姨老两口都是社区的老党员和热心志愿者。他们虽然签了约，但征收补偿费用还没有到手，他们在上海没有其他房产，只能先选择租房，可是始终都没有找到合适老两口的房子。居民区党总支听说了老两口的情况，就热心帮忙找房子。在居委会书记徐丽华的牵线下，老两口担心了有些日子的租房问题，终于得到解决。这样一轮操作下来，老两口从内心里称赞党和政府在办好事、做实事，经常逢人就竖起大拇指，夸奖居委党员、社工。须勇一家在旧改征询和正式签约时都积极带头，但在搬迁过程中却遇到了困难。为了帮助他们一家，居委干部四处奔走，联络征收所寻找对应政策希望能够解决问题，还提出将居委活动室临时作为搬迁前的过渡房借给他们。最终，须勇一家在街道、居委的帮助下找到了过渡房源，在限期内完成了搬迁。如今，须勇逢人就说，宝兴里旧改是有温度的。钟先生搬离宝兴里之后在外租房过渡，2020 年初疫情期间，他所租房子的口罩购买份额被房东拿走了，钟先生只能找电话求助于宝兴居委，居委干部热心帮他办理预约，提供凭证，让钟先

生最终买到了口罩。随着旧改工作进入尾声，宝兴里党员和居民人户分离情况越来越突出。外滩街道党工委按照“分手不撒手，党员管理不缺位；离家不离心，党员教育不断线；联系不断档，党员服务不打烊”的工作原则，在落实“三会一课”、主题党日等组织生活的基础上，通过开展“2+X”人户分离党员“回娘家”等特色活动，努力探索人户分离党员联系服务机制，持续做好人户分离党员的联系服务教育工作。如今每逢节假日，总有居民从四面八方赶回来宝兴里，在这里重叙故土温情。

三、一把尺子量到底，阳光征收是关键

要破解“天下第一难”的旧改难题，公开透明、公平公正是取得居民信任、成功征收的关键所在。因为在实行二轮征询制的阳光征收之前，传统的动迁模式是政策加“友情”，即当政策规定的动迁安置款与动迁居民实际购买住房存在一定差距时，采用所谓的“友情操作”办法来解决动迁居民的困难。但“友情操作”没有量化标准和监督机制，往往由动迁公司暗箱操作，安置过程前紧后松，造成“先走吃亏、后走得益”和“老实人吃亏”现象，导致后来旧改时“早走吃亏，晚走实惠”“闹一闹总归有好处的”“钉子户都发财了”的想法成为旧改征收中居民普遍存在的心理死结。

时任外滩街道办事处主任的孔翼菁说：“宝兴里旧改中不少居民觉得这是市委领导关心的项目，为了领导的面子，我们会想尽办法去推动征收，即使没有条件，我们也会创造条件。”居民冯兆认为，如果按照

《黄浦区金陵东路地块居住房屋征收补偿方案》中关于阁楼补偿标准的规定，[2001 年 11 月 1 日前租用公房凭证中已有记载、用于居住并已计算收取租金的阁楼，高度在 1.2 米至 1.7 米（含 1.7 米）的部分，按照实际居住面积的 1/2 及上款规定的换算系数计算建筑面积；1.7 米以上的部分，按照实际居住面积及上款规定的换算系数计算建筑面积。] 自家的利益将大大受到损害，所以认为征收方案不公平。居民吉凤宝则感觉自家在房屋面积和装修情况评估价上吃了亏，为此对旧改征收有了抵触情绪。70 多岁的周祥金曾经很困惑：自家一间搭建出的小房间，到底该怎么算？“这间房是新中国成立前就搭好的，已使用了 70 多年，是我家不可分割的一部分。”他仔细研究了征收协议文本的每个字，还是寻不到答案：“我知道很多违法搭建不作数，但只是想要个明确的说法，我这类情况到底认不认？”

面对居民对旧收征收的各种心态和误解，宝兴里旧改中坚持“一把尺子量到底”，“一碗水端平、一竿子到底、一揽子公开”，不管是干部还是普通群众，大家一视同仁。征收部门对房屋征收补偿方案、补偿标准、补偿结果信息进行“三公开”，对房屋征收决定、补助奖励政策和标准实行“三公布”，推动了房屋征收调查结果、初步评估结果、补偿情况，在征收范围内“三透明”，让绝大多数的居民群众吃下了“定心丸”。尤其是评估价这方面，有居民就提出来：金陵东路是黄金地段，估价必须按市场价。对此，一方面征收部门挑选了三家专业公司，由居民投票选出一家来做评估，全面精密计算出符合旧里公房性质的评估价。另一方面针对居民的异议，专门委托专业权威机构复评，彻底打消其疑虑。同时，针对居民中“闹一闹总归有好处的”“听说钉子户都发财了”等错误模糊认识，注重加大宣传力度，通过在弄堂口张贴沪语漫画等形式及时予以澄清，讲清从“数人头”到“数砖头”征收政策的变化，用新政策改变居民的老观念。同时，着眼从居民利益角度出发做到“两个讲清”，讲清政策、讲清好处。一是结合动迁到征收的政策变化脉络，讲清宝兴里旧改征收提前两三年是一次绝好的历史机遇，居民们要认清形势、把握机会，如果在签约期限内第二轮方案征询签约率不到 85%，三年内将不再安排旧改，政府会严格依法依规办事；二是讲清此次宝兴里旧改征收是从全区层面统筹兼顾，不仅考虑了征收对象生活条件极端情况，更是考虑了居民平均生活水平，已尽最大可能保障多数人的利益。旧改就是为了彻底改善居民们的生活环境，市区联手，共同出资，争取实现盈亏平衡。“两个讲清”让不少原本对征收政策有疑虑的居民都转变了想法，由原来的“要我搬”变成“我要搬”。

打铁自身硬，在宝兴里旧改征收中许多党员、干部带头将自己家的补偿方案公开给群众，在这方面居委会干部尤其是家里也有参与征收的干部，以及宝兴里的党员、老干部，都做了非常好的榜样。居委会主任陈冬的家也在征收范围，面对心理落差巨大的居民，她直接摊开自家的报告，“你看，我们家这次评估价比你们还低呢”，一句公开“比惨”平衡了心理价位过高的居民心态。同时，征收所和居委会还告诉居民，

“阳光征收”就是确保签约标准“前后一致”，居民先签后签的补偿价格都一样，甚至先搬走的还能获得奖励。与宝兴里小区一街之隔，征收所大厅设有多个电子触摸屏，征收地块所有居民安置结果全部公开并可实时电脑查询。通过电子触摸屏，居民们可以随时查询到每户居民的人员、面积、补偿、房源等信息，公开、透明，让更多居民签得更放心、更踏实，也从源头上杜绝了“运作空间”。旧改征收政策和过程全公开透明，从区里到街道、到居委会，到征收所，做到问谁都一样、找谁都没用，充分体现了旧改征收的公平公正，彻底打消了某些人“想通通路子”的念头。

四、坚持党建引领旧改，群策群力共破难题

为了加速推进旧改，让群众更快得实惠，黄浦区首次在区级层面构建了“党建联席会议 + 临时党支部 + 党员先锋队”的党建领航机制和党建工作架构，通过党建联席会议充分发挥街道党工委、居民区党组织、职能部门和区域单位党组织的组织优势、政治优势、职能优势和资源优势，打破不同行政和资产隶属关系的壁垒，凝聚起旧改征收合力。通过临时党支部充分发挥党组织领导下基层群众自治机制的作用，组织居民广泛开展民主协商，梳理问题和困难，积极协调化解矛盾。通过组织生活、主题党日等活动，鼓励党员通过党员亮相、带头签约等实际行动消除居民群众对旧改的各种疑虑，带动、影响周围群众签约。在党建引领下，宝兴里旧改征收将社会各方力量汇聚到一起，群策群力共破难题。

（一）成立党建联席会议，凝聚旧改征收合力

金陵东路地块（宝兴、盛泽居委）旧改项目党建联席会议由区府办、区旧改办、区建管委、区市场监管局、区房管局、外滩街道、金外滩集团、复兴城集团、杏花楼集团、美丽华集团等部门（单位）党组织派员组成，具体负责组织推进该地块旧改项目党建工作。党建联席会议的主要职责：一是讨论确定党建工作助推旧改项目的目标任务、工作计划和重点事项；二是协调推进旧改项目相关党建重点项目的落实；三是协调解决旧改征收推进过程中需要党建参与的重大问题、难点问题。在组织架构上，党建联席会议由区组织部部长和分管副区长两名常委包干的“双组长制”，并由区建管委主任和外滩街道党工委书记担任副召集人。联席会议成员单位则由区属职能部门党组织及驻区企业党组织组成。为确保联席会议有序高效运作，联席会议内设联络组及若干专项小组。联络组为联席会议的常设机构，主要负责落实联席会议的有关决策部署，做好日常的联系、协调、服务和督办等工作。若干专项小组分为政策咨询解答、信访矛盾调解、居民问题解决、人民调解、结对帮扶、宣传发动等 6 个专项小组，通过分类整合、专业运作、灵活机动的组织活动方式，聚焦回应和解决金陵东路地块（宝兴、盛泽居委）旧改项目推进过程中的热点难点问题。

（二）把支部建在项目上，发挥基层党组织战斗堡垒作用

金陵东路地块（宝兴、盛泽居委）设旧改项目临时党支部。临时党支部由宝兴居民区、盛泽居民区、区征收事务所、外滩街道房管办等

部门（单位）派员组成。临时党支部充分发挥基层党组织的战斗堡垒作用，及时解决居民群众需要；统一协调各参与单位的行动，高效处理遇到的问题和各种突发事件，负责项目日常的党内活动组织开展；传达和通报上级指示精神；配合完成上级或联席会议需要配合完成的党建工作等。

（三）设立党员先锋队，树立居民身边的模范标杆

临时党支部下设党员先锋队，设立了居民区党员先锋队、征收事务所党员先锋岗、机关青年党员突击队等，通过党员亮相、带头签约等，充分发挥了党员干部的先锋模范作用，以实际行动消除居民群众认为他们签得晚、实惠多、廉价房多的错误心态，并且带动、影响周围群众签约。旧改居民周永健多次表示，自己作为党员，“我们要对得起新中国上海第一个居委会这块招牌”。旧改征收地块内涉及158证黄浦区政府、街道、居委等党员干部家庭，有的是父母家，有的是兄弟姐妹家，这些党员干部主动做好自己家庭的动员工作，全部率先完成签约。在党员事事带头的同时，很多党员居民还积极做好左邻右舍的群众工作，从而有力推动了宝兴里旧改进程。

五、危中寻机两手抓，防疫征收“不断线”

2020年初新冠肺炎疫情暴发时正是旧改动迁的关键时期。自疫情发生以来，宝兴里旧改不仅没有停，反是危中寻机、化危为机，坚持旧改征收和疫情防控两手抓、两促进，把“宅在家中”的防疫期成功转化为推动旧改的战斗期。面对疫情防控和旧改推进的双重压力，黄浦区外

滩街道党工委从困境中寻找突破口、切入点，针对旧改征收中人员来往流动频率升高，认真做好应对预案，全面加强防控防范，切实守护好社区居民安全。同时，找准未签约居民的兴奋点、堵点、痛点等作为旧改推进的“抓手”，有力推进了后续旧改工作。

旧改指挥部立即对收尾地块排摸排查全覆盖，将不必要的道口封闭，必须开放的道口加派安保力量，做好进出人员身份信息登记，对返沪人员逐一排查；对未签约搬走的住户进行逐一排摸，并在门牌号上做好标记，及时与街道沟通相关信息。宝兴居民区党组织也迅速反应，带领党小组长、居民骨干长时间在岗位值守、弄内巡查，深入邻里、听取呼声，释读政策、辟谣解惑，与经办人员默契配合，变不利因素为有利条件，在宝兴里地块动迁工作完成前始终坚守在各自的岗位上。

针对疫情防控要求，原来旧改征收中集中上门、集体接待的方法发生改变，探索建立“线下不碰面、线上面对面，工作零接触、服务零距离”工作法，通过电话、微信、板报、社区报等方式加强与被征收居民沟通联系。对于心存疑虑、尚未签约的居民，通过运用信息化手段、设置独立接待室、错峰受理等方式，加强点对点的沟通，打消顾虑；对于已签约、未找到过渡用房的居民，积极帮助寻找房源。疫情期间各小区全面加强了管控，对于已落实房屋但因疫情对方小区不允许搬迁的居民，以及有的小区不让搬家车辆进入等情况，街道及时出面协调，为居民开具证明，为确保搬迁不受影响，有的居委干部甚至自己开车帮助居民找住处。那段时间，征收工作人员既是政策讲解员，又是帮忙送东西的“快递小哥”、照顾老人的“长护工”、扛行李爬楼梯的“搬运工”。另外，疫情前一些居民平时见不到、约不到，但疫情期间居民行踪相对固定，这使得疫情反而为征收工作人员约谈居民提供了便利，基层干部就在做好防护的前提下主动上门，从而把疫情影响期变成了旧改窗口期。

党建引领是推动宝兴里旧改征收最大法宝，在此次宝兴里旧改抗“疫”工作中也同样发挥了重要作用。宝兴里旧改中充分发挥党建联席会议平台作用，利用社区单位所长，配“人”捐“物”送“技”，全面配合防疫，助力战疫。外滩街道区域化党建联席会议 93 家共建单位中有 30 余家成员单位向社区捐赠物资、提供社区志愿服务。比如，宝兴里旧改征收拆房公司上海凌锐建设发展有限公司，在居民搬迁高峰期间，协助行动困难的居民打包行李，陪同办理水电煤等手续，及时对搬迁居民遗留垃圾进行消毒和处置；新新集团车辆停放管理有限公司紧急协调，安排员工对由于旧改征收而缺少志愿者人手的居民区进行弄口值守；辖区“两新”企业众安在线与街道共同打造“众安互联网医院”微信公众号，组织专家医生在线义诊，免费提供健康问诊和预防感染指导。

第四节　工作成效

2020 年 6 月 26 日，随着最后一户居民搬离宝兴里，宝兴里的旧改工作终于画上了一个圆满的句号。站在“十四五”开局之年，上海这座超大城市中这场圆满结束的旧改征收，无疑创下了多项传奇。尽管受到新冠肺炎疫情影响，但宝兴里及其所属的金陵东路北侧旧改项目，这片居住密度极高的旧式里弄，从 2020 年 1 月 6 日正式签约，至 6 月 26 日全部居民搬离，只用了 172 天，创造了 172 天实现 1136 证居民 100% 自主签约、100% 自主搬迁的“双百奇迹”。宝兴里旧改还实现了居民单位知晓率、选票送达率、投票参与率三个 100%，创造了黄浦区旧改征收居民参与度、大体量旧改项目一轮征询赞成率、二轮征询首日签约率、二轮征询居民签约速度、搬迁率等“五个第一”的纪录，并以 354 天“零执行”成绩，创造了全市大体量旧改项目当年启动、当年收尾、当年交地的新纪录，最终实现了大规模地块的“零强迁”，整个征收过程中没有发生一例上访。

宝兴里旧改，其意义远不只是数字、新纪录带来的振奋。2020 年宝兴居民区党总支被授予“全国抗击新冠肺炎疫情先进集体”和“全国先进基层党组织”的荣誉，宝兴里的旧改征收还推进了上海市区土地储备联动机制的改革，在宝兴里旧改中形成的新时代做好群众工作的“宝兴十法”，不仅成为推动上海旧改提速提质的有效方法，也成为上海人民城市建设中的重要工作方法，传神地诠释了“人民城市人民建，人民城市为人民”的重要理念。

宝兴里地块的工作经验好像一颗种子，如今已在黄浦区、上海市各个旧改基地生根发芽、开花结果！在宝兴里地块旧改经验推广后，黄浦区有 13 个旧改项目生效，2020 年旧改征收历史性地突破了 2.1 万户，其中一个地块一二轮征询达到了100%，其余12个地块达到了99%以上……，多个征收项目也创造出居民100%自主签约、100%自主搬迁的“双百奇迹”。老虎窗、石库门下，宝兴里旧改的传奇还在被复制演绎着……

第五节　经验启示

一、只有坚持以人民为中心，城市的建设和发展才能获得人民的支持与认可

党的十九大报告指出：“在各项工作中全面准确贯彻落实坚持以人民为中心。人民是历史的创造者，是决定党和国家前途命运的根本力量。必须坚持人民主体地位，坚持立党为公、执政为民，践行全心全意为人民服务的根本宗旨，把党的群众路线贯彻到治国理政全部活动之中，把人民对美好生活的向往作为奋斗目标，依靠人民创造历史伟业。”全心全意为人民服务是中国共产党的根本宗旨，坚持以人民为中心揭示了新时代坚持和发展中国特色社会主义的根本政治立场，是新时代我们党一切工作的根本指导思想。

城市作为我国各类要素资源和经济社会活动最集中的地方，目前有7亿多人在城市里工作生活学习，城市的建设和发展直接关系到他们对生活美好和幸福的感受。2015年中央城市工作会议上，习近平提出，做好城市工作，要坚持以人民为中心的发展思想，坚持人民城市为人民，这是做好城市各项工作的出发点和落脚点。2019年11月在上海考察时，

习近平进一步指出，城市是人民的城市，人民城市为人民。无论是城市规划还是城市建设，无论是新城区建设还是老城区改造，都要坚持以人民为中心，聚焦人民群众的需求，合理安排生产、生活、生态空间，走内涵式、集约型、绿色化的高质量发展路子，努力创造宜业、宜居、宜乐、宜游的良好环境，让人民有更多获得感，为人民创造更加幸福的美好生活。

旧区改造作为城市建设的重要内容，不仅事关民生福祉，也是推动城市治理体系建设的重要驱动力。旧改的最终目的是为了满足人们对于自己所居住城市的建筑物、周围的环境、出行、居住生活等方面更高水平的期望和需要，让生活在城市中的全体人民群众获得更加舒适的生活工作环境，感受到城市的建设发展所带来的获得感和幸福感。在宝兴里旧改征收中，征收工作人员始终把居民的难处记在心头，把居民群众的旧改征收事，当成自己的家里事，认真评估征收对居民利益的影响，尽最大努力去解决居民群众的实际困难。旧改征收后的金陵东路地块在上海未来的城市建设发展中，将会被打造成代表上海城市形象的新地标，变得更加美丽、繁华；而那些搬离旧里的居民们，也在上海的日益发展变化中安居乐业，享受着人民城市建设发展所带来的幸福生活。宝兴里旧改的经验表明，只有坚持以人民为中心，坚持把广大人民的根本利益置于经济社会发展的优先位置，让城市建设发展的成果更多更公平地惠及广大人民，我们城市的建设和发展才能获得人民的支持与认可。

二、只有坚持党的群众路线，城市的建设发展工作才能顺利推进

群众观点是马克思主义的基本观点，群众路线是我们党的生命线和根本工作路线。在我们党一百多年的历史中，不论战争年代还是社会主义建设和改革时期，脱离群众，党就会有变质的危险，失去群众的拥护和支持，党的事业和工作必将遭受重大损失。因此，我们党始终注重坚持群众路线，强调与人民群众建立密切联系的重要性。在新时代，面对百年未有之大变局，必须坚持不懈把践行党的群众路线摆在更加突出的位置。坚持党的群众路线，就要坚持全心全意为人民服务是党的根本宗旨，善于发动群众，紧紧依靠群众，不断增进同人民群众的感情，在实践中创新群众工作方法，努力提高为人民服务的能力。

旧改被称为天下第一难，难就难在做群众工作。旧改征收中每一平方米都是“真金白银”，这种时候怎么让居民不要计较，轻易放弃？怎么讲好舍小家为大家？在宝兴里旧改中，基层干部发扬党的优良传统，按照市委“把旧改群众当亲人”的要求，做深做细群众工作，从群众实际需要出发，通过“一把钥匙开一把锁”“让群众做群众工作”，打开了居民的旧改心结，真正把工作做到群众心坎上，让旧区改造成为倾听群众呼声、解决群众难题、赢得群众支持的过程。宝兴里居民吉凤宝在搬离前曾流着泪说：“旧改征收做到这份上，根本不是以钱动人，而是以心动人。”

时代在变，社会结构在变，群众需求也在变，群众工作方法也应在继承传统的同时与时俱进、不断创新。宝兴里旧改征收中，黄浦区干部

通过用老办法解决老问题、用新方法解决新矛盾，在实践中探索出“一线工作法”“精准排摸法”“党员带动法”“危中寻机法”“平等交流法”等许多行之有效的群众工作方法，最终凝练形成了宝兴里旧改群众工作“十法”，这些群众工作方法不仅让旧改推进提速增效，也让群众满意度与获得感大大提高。

宝兴里旧改的经验表明，新时代群众工作，各家各法、没有定法、贵在得法，无论什么方法，都要立足实际。只要始终坚持“人民城市人民建，人民城市为人民”重要理念，突出用心用情，倾心倾力、务实创新，就能把群众路线走实走好，把党的宗旨落实下去，实现新时代“城市，让生活更美好”。宝兴里用旧改新纪录充分证明，群众路线是党的根本工作路线和生命线，也是人民城市建设中不可或缺的重要法宝。

三、只有坚持和加强党对人民城市建设的全面领导，才能汇聚起城市建设的合力

党的十九大报告提出：要打造共建共治共享的社会治理格局，加强社会治理制度建设，完善党委领导、政府负责、社会协同、公众参与、法治保障的社会治理体制。这表明，我们党的执政理念已经由传统的“一元”管理模式转向共建共治共享的治理新格局建构，执政党、政府组织、社会力量及公众参与共同构成了社会治理体系的多元主体，而这种建构过程一定是建立在以党的领导为首要前提的制度建设基础上的。

《中共上海市委关于深入贯彻落实“人民城市人民建，人民城市为人民”重要理念　谱写新时代人民城市新篇章的意见》强调，要坚持和

加强党对人民城市建设的全面领导，健全党委统一领导、党政齐抓共管、全社会共同参与的城市工作格局。建设人民城市，关键在党。要坚持和加强党对人民城市建设的全面领导，健全党委统一领导、党政齐抓共管、全社会共同参与的城市工作格局。要强化党建引领，扎紧织密党在城市基层的组织体系，探索走出一条符合超大城市特点和规律的基层党建新路。

细细揣摩宝兴里 70 年来的光荣历史，我们不难发现，宝兴里的昨天和今天，就是党领导下践行“人民城市人民建，人民城市为人民”理念，改天换地、旧貌换新颜的生动写照。1949 年上海解放之初，正是在共产党人的带领和组织下，经过第一代居委干部的不懈努力，宝兴里的面貌才焕然一新，凭借着“为民谋福利”的初心和实干作风，宝兴里基层党组织也得到了居民群众的衷心拥护。宝兴里的第一代居委干部，不但创造了“申城第一居委”这一金字招牌，更是留下了代代相传的“五心精神”：恒心、耐心、决心、虚心、雄心。

新时代宝兴里旧改征收再次书写下中国共产党为人民谋福利的初心本色，共产党人冲锋在前、勇于担当、攻坚克难的生动篇章。宝兴里旧改中，外滩街道党工委坚持以党建引领旧改，把党建贯穿旧改全过程，用旧改检验党建成效。利用党建联建平台优势，进一步发挥了各部门（单位）的职能优势、街道党工委和居民区党组织的组织优势和政治优势，以及企业的资源优势，打破了不同行政和资产隶属关系部门（单位）的限制，有效整合了区域内资源，为旧改工作凝聚起更强的攻坚力、聚合力。宝兴里旧改的顺利推进，一个关键还在于有一个靠得住的党员骨干队伍，关键时刻站得出、叫得响、发得动。在临时党支部带领下，居民区党员先锋队、征收所党员先锋岗、机关青年党员突击队以旧改征收工作为实验田，充分发挥党组织战斗堡垒作用和党员先锋模范作用，团结和带领群众共克时艰，跑出了旧改工作的“加速度”，走出了一条符合上海旧改征收特点和规律的基层党建新路。宝兴里旧改的经验证明，建设人民城市，关键在党。要坚持和加强党对人民城市建设的全面领导，强化党建引领作用，扎紧织密党在城市基层的组织体系，以党建推动上海城市建设发展各项工作的不断前行。

第六章

以最好的资源服务人民

第一节　邻里汇建设背景

“邻里汇”是徐汇区致力于改变社区公共服务空间少、资源散、功能弱状况的一站式社区服务平台。它主要是由政府主办，以街镇为依托，多元主体参与的社区服务和社区治理共享空间。“邻里汇”的产生具有深刻的历史背景，既有政策环境推动和理论理念的引领，又有治理经验的继承和群众呼声的驱动。

一、社会治理新思想和宏观政策的推动

党的十八大以来，以习近平同志为核心的党中央高度重视民生工作，坚持“以人民为中心”的发展思想，提出了社会治理新思想。其中，注重基层建设，是习近平社会治理思想的突出风格。他指出：“社会治理的重心必须落到城乡社区，社区服务和管理能力强了，社会治理的基础就实了。”在这一理念的指导下，基层社会治理展开了全新的实践和探索。党的十九届四中全会将社会治理放在国家治理体系现代化的角度提出，进一步凸显了社会治理，尤其是基层治理的地位和作用，提出将社会治理和服务重心向基层下移，把更好的资源下沉到基层，提供精准化、精细化服务，构建共建共治共享的社会治理制度，为基层社会

治理指明了方向。2014 年，上海市委出台《关于进一步创新社会治理加强基层建设的意见》以及 6 个配套文件（即“1+6”改革），使街镇进一步赋权增能，社会治理的重心和资源全面向基层倾斜，进一步增强了基层社会治理能力，为城市治理体系和治理能力现代化奠定了坚实的基础。

二、“人民城市”重要理念的指引

2015 年召开的中央城市工作会议上提出了“人民城市”的概念，指出做好城市工作，要顺应城市工作新形势、改革发展新要求、人民群众新期待，坚持以人民为中心的发展思想，坚持人民城市为人民。2019 年，习近平总书记在上海考察时指出：“城市是人民的城市，人民城市为人民。无论是城市规划还是城市建设，无论是新城区建设还是老城区改造，都要坚持以人民为中心，聚焦人民群众的需求，合理安排生产、生活、生态空间，走内涵式、集约型、绿色化的高质量发展路子，努力创造宜业、宜居、宜乐、宜游的良好环境，让人民有更多获得感，为人民创造更加幸福的美好生活。”这使得“人民城市”从一个概念真正成为一种城市发展理念。2020 年 6 月 23 日，中共上海市委第十一届九次全会审议通过《中共上海市委关于深入贯彻落实“人民城市人民建，人民城市为人民”重要理念　谱写新时代人民城市新篇章的意见》，提出了“五个人人”的建设目标，为上海建设人民城市明确了建设目标和行动方案，“人民城市”重要理念在上海成为一种落地实践。

三、基层治理的理念传承和人民对美好生活的向往

1999年发源于徐汇区康健街道的“康乐工程”以“居民身心更健康，社区生活更快乐”为目的和宗旨，从社区居民的利益和需求出发，把社区党建和满足群众需求紧密结合，为建立以区域化党建为核心的社区服务管理机制提供了经验，也成为植根于徐汇的一种基层治理理念和基因。党的十九大指出，我国社会主要矛盾已经成为人民日益增长的美好生活需要和发展不平衡、不充分之间的矛盾。人民群众物质、文化、体育、休闲等多层次需求不断增加，对美好生活的需求更加迫切。中国共产党作为为人民谋幸福，为民族谋复兴的使命型政党，必须将人民对美好生活的向往作为奋斗目标，将人民满意作为最大的政绩。

第二节 邻里汇建设问题与缘起

徐汇区是上海市的中心城区，科教文卫资源丰富，与繁华街道形成鲜明对比的是，区内仍尚存不少狭小逼仄旧里弄和老小区，人均住房面积较小，拥有一间“客厅”成为居民心中的奢侈品。与此相应，公共服务也缺乏一定的载体，家门口的服务体系建设一直未取得明显突破，给居民的生活带来了极大的不便。此外，区内户籍人口老龄化率超33%，养老设施、为老服务匮乏问题也极其突出。即使如此，社区养老设施建设却频频遇到“邻避效应”，进一步加剧了这种矛盾。在调研中，小区居民和基层干部突出反映了社区公共服务空间少、资源散、功能弱的“顽症”，社区治理缺乏有效抓手、品牌和平台。

社区是党组织和政府联系群众、服务群众的神经末梢，是城市治理的“最后一公里”。面对群众的突出诉求，为居民们在家门口建立一个一站式、一体化的社区服务和社区治理空间，通过项目化运作，整合社区资源，引入社会组织和志愿团队，为居民提供养老服务、健康服务和便民服务“公共客厅”的建设理念形成。同时，居民们在社区的归属感也可以因参与社区自治、协商公共事务、协调邻里关系等事项而得以提升。

为了进一步满足居民多元化的公共服务需求，提供社区共享空间，激发基层社区的治理活力，从 2016 年开始，徐汇区决定在全区试点推广以“邻里汇，汇邻里”为主题的“邻里汇”项目。通过对社区空间载体更新利用的“外在”改造与对各类群众需求系统集成的“内在”融汇，真正做到服务群众与社会治理的融合，集中体现新时代基层社会治理发展成果，以彰显政府条块联动、资源统筹及基层工作的水平和能力。这是以“点线面”结合打响“上海服务”品牌的战略。

第三节　邻里汇：构建美好生活共同体

一、邻里汇体系

立足“邻里汇、汇邻里，美好生活共同体”的目标愿景，徐汇区于 2016 年底启动在社区布局建设邻里汇。“十三五”期间，从 2016 年打造家门口的“会客厅”构想的形成，到区内改造建成第一家邻里汇——康健街道寿昌坊邻里汇；从居委办公点向“邻里小汇”服务点的转换，到对标高品质生活，国际邻里中心揭牌开工：标志着“邻里汇”在区—街镇—居民区三级体系的建成。在布局规划上，徐汇区在每个街镇设置1—2个邻里汇“总汇”和若干个“小汇”，形成“一站多点”的设施体系，实现了就近服务群众这一民生需求。徐汇区在构建“邻里汇”体系中，集中体现为“一个理念”“一张网络”和“一个平台”，即围绕“邻里汇、汇邻里，美好生活共同体”的核心理念，构建起覆盖“区—街镇—居民区”三个层级的“1+13+X（306）”邻里汇网络，成为社区居民共享、服务共建、社区共治的重要平台。

为了更好地展现“邻里汇”品牌特征，统一建设规范，徐汇区先后研究制定了《徐汇区进一步深化邻里汇建设持续提升人民群众获得感、幸福感和满意度的实施意见》《邻里汇建设和运行管理规范（2019修订版）》《居民区邻里小汇建设和运营指引》《关于深化为民服务功能推动居民自治的指导意见》等。同时，坚持在“特色”上做文章，坚持服务周边居民的原则，结合区块特色，因地制宜开展实体建设和服务运营项目的管理，形成了一些亮点鲜明、特色突出的“邻里汇”项目。

二、运营管理原则

一是党建引领的平台共建原则。在“邻里汇”建设中突出党组织的领导核心作用，充分发挥区域化党建平台资源共建共享的功能优势，引导社区党员群众积极参与“邻里汇”志愿服务项目，增强社区内各类资源的整合力度。

二是民生需求导向的资源共享原则。徐汇区把居民对社区服务和社区活动的需求作为“邻里汇”建设和运行的立足点和出发点，坚持问需于民、问计于民、问效于民，服务居民、服务家庭、服务社区，因地制宜地开展实体建设、服务项目的运行管理，提高服务的精准度和持续性。

三是社会参与的邻里共荣原则。开放“邻里汇”服务空间，搭建民诉对接、民愿反馈、民事调解平台，以服务联结居民、以服务惠及社区居民、以活动汇聚社区人气、以公益提升社区温度，深植邻里共荣的生活共同体意识，提升居民群众文化共识，打造社区成员间与开展艺术交流、公共事务商议、社区事宜讨论、发展愿景共商、邻里关系协调、法律服务对接的“公共客厅”。

四是智慧互联的自治共治原则。通过建设信息服务平台，加强居民自治和社区共治的能力，汇聚区域多种信息，互联部门服务数据，建立快捷互通机制，鼓励各类社区治理主体参与服务和管理，将服务对象、服务供应商、服务项目、服务数据等纳入信息管理，建设互联网+“邻里汇”，打造“线上定制、线下服务”的社区服务平台，依托为老服务平台全时响应居民服务需求，形成智慧服务圈，并鼓励各类社区治理主体参与服务、运作和管理，充分发挥专业社会组织特长优势。

三、运营管理模式

当前徐汇区邻里汇管理运营的模式，主要有三种：

第一种是社会主导型。主要是由街道发起建设，具备资源投资大，公共空间大的特点。同时，服务功能多样化，空间布局时尚且功能全，以完善社区养老功能为主。从规模上已近似新加坡邻里中心，运营模式上因此有经验可以借鉴。由于业务广泛而全权委托第三方社会组织自主运作，相比而言，专业性更强，管理更规范。

第二种是政社合作型。主要是以居委（代表街道等基层政府）为主全权负责，同时，部分空间分时段让渡给社区的自组织团队来运作，主要以示范型邻里汇为代表。这类邻里汇公共空间面积相比旗舰店次之，辐射社区人群相较固定，社区有着稳定的志愿者团队，大多是将居委办公室嵌入邻里汇空间中，由社区工作者联系社区志愿者群体，依托社区的自组织团队开展活动。

政社合作型的邻里汇，大多有稳定的志愿者模式，居委将部分公共空间交还给居民运营，整体的管理和空间使用分配权依然掌握在居委手里，同时会利用公共空间开展一些公益课之类的活动。对于居委来说，街道将运营压力下沉到居委，相当于在日常社区工作之外居委需要承担更多的邻里汇工作，压力相比以往更大。此外，示范型邻里汇发展程度介于总汇、分汇和普惠型邻里汇之间，且此类型邻里汇建设的重点是如何提升社区自组织活动的规范化、常规化、专业化，逐步形成品牌效应。

第三种是行政主导型。主要是指由社区居委全权负责运作。以普惠型“邻里小汇”为代表，大多是由所在社区的居委活动室直接改造而成，所在社区普遍面积小，人口少，社区各项资源也相对紧缺。居委运作与以往无差别，空间的分配及使用也比较机械、被动，“邻里小汇”

的出现并无本质变化（表 6-1）。

表 6-1 运营管理模式类型

类型	运作主体	案例	特点	缺点
社会主导型	第三方社会组织全权托管	滨江水岸邻里汇	空间大，功能全（社区养老为主），资源多，运作较专业，可产生一定效益	服务群体无法限定，人员混杂，管理难度加大，居民需求冲突较严重
政社合作型	居委为运作主体，部分空间分时段分包社会组织承接	以示范型邻里小汇为代表	空间较大，志愿者多，引入部分自组织	自组织活动少且不规范、居委运作压力大
行政主导型	居委运营	以普惠型邻里小汇为主	空间小、服务群体集中	多为活动室改造，无变化

四、邻里汇项目的特色、亮点

（一）面向各年龄阶段的服务，促成自治共治公共意识的形成

案例 1：“门打开”到“门常开” 徐汇区第一家“邻里汇”——寿昌坊“邻里汇”

针对居民对社区公共服务空间、资源、功能的诉求，2017 年，徐汇区康健街道寿昌坊“邻里汇”孕育而生，成为徐汇区内建设完成的第一家“邻里汇”。康健街道寿昌坊小区有一个神秘的独立小院，“老土地”们说，那里原先是个仓库，有着高高的围墙和小区隔绝，平时鲜有人打理，居民们也从来不涉足。打破这一沉寂的起因是将此处改建成长者照护之家的养老项目，居民虽希望能享受到更多的公共服务，但是听到是“养老项目”，就担心如果把门开在小区，会对他们的生活造成干扰，因此小区居民起初拒绝这一规划。

1.“邻里汇”让居民“走进来”“坐下来”

就在2017年，街道对长者照护之家功能布局进行了改造，将一楼为老服务空间打造成多功能的“邻里汇”，形成了社区“大客厅”，从服务老年人转向服务全体社区居民。随着寿昌坊“邻里汇”的首届理事会的推进，讨论小院名称的改变、空间功能的变化、“门朝哪里开”成了大家接受并参与这个社区服务项目的契机。康健街道以街道体制改革为契机，推进传统社区党建与驻区单位党建、新兴领域党建融合发展，考虑在“邻里汇”这个平台上，提升辖区单位党组织的资源统筹和社会服务能力、党员的社区参与和作用发挥能力、社会组织和志愿者的培育发展能力。以党建为引领、以党建汇聚公共资源，“邻里汇”的“大门”打开，以“公共客厅”为舞台的多元主体参与社区服务和社区治理的探索实践持续推进，从理念上破除保守，行动上打破自我封闭，“门朝哪里开”的问题逐渐随居民抵触情绪的降低而得到解决。“邻里汇”的大门仍开在沪闵路上，遇大活动时开放，小门则开在寿昌坊，白天开放，设监控并有志愿者查看。同时，把围墙改造成透明围栏，与小区融为一体，这样，既满足了周边居民要开放共享的需求，也保持小区安宁。对于长者照护之家来说，也可以防止老人走失。“一扇门”打通了小院和居民区。周边居民通过门禁卡走进到“邻里汇”，享受由党建平台共建的可单次结算助餐、助浴公共服务项目，由居民团队发起的亲子活动、烘焙、插花等活动课程。公益团体、志愿者也带着项目进来了，居民们隔三岔五进来坐坐，越看越喜欢，还提出了希望延长大门开放时间的建议。

2.“老少组合”的特色让“邻里汇”乐起来

康健街道吸收了国外的先进做法，把养老机构和小学、幼儿园建在一起。“邻里汇”的空间内根据老少需求，专门留有“老少乐”的空间，配有老人喜欢的躺椅，也有小孩子的玩具。街道还在微信公众号上建立了“邻里汇”专栏，方便居民查询和报名参加活动。通过“邻里汇”里每天的互动、每周的课程和每月通过筛选和引进的高频次点击活动，不仅使社会组织在街道搭建的平台上推广活动，吸引服务，自负盈亏，也让孩子们的欢声笑语给老人们带去“阳光”与欢乐。除了小朋友们定期参加“邻里汇”爱心活动外，为了让活动可持续，“邻里汇”还在阳台辟出一块“空中菜园”，让老人和小孩一起认养花草果蔬，在这里上体验课，观察植物，接受生命教育。理事会也不断摸索，开展需求调查，从修鞋、修伞、磨剪刀的“老三样”活动到“美甲活动”等满足需求的服务项目，建好“邻里汇”和居民之间的桥梁。

3. 合理规则下的服务，唤醒公共意识

“邻里汇”不仅是大家共享服务的地方，也是重塑社区规则，唤起居民公共意识的场所。比如，社区文艺团队希望“邻里汇”提供场地。理事会评估后认为，文艺团队可使用场地，但仅限于汇报演出，不能用于平时练习。比如，这里的社区志愿者不会直接拿到物质奖励，而是以积分形式，换取其他志愿者制作的产品或提供的服务，可以是一瓶自制的酵素，也可以是一次讲座、一堂课。从“我自己的”到“我们大家的”公共利益意识逐渐凸显，凝聚形成居民参与活动、参与自治的行动基础。例如，对公共器材的爱护，显示出居民公共意识的变化。“老少乐”和健身区域都铺设有地垫，随着日均人流量的提升，志愿者要求居民脱鞋进入，居民们也都能自觉遵守，形成了自觉爱护公共环境的意识，合理的规则让大家都能接受并从中获益。

（二）突出原有地域优势，统筹对标品牌化进行空间设置

案例 2：历史风貌区内的“66 梧桐院 · 邻里汇”

天平街道地处上海中心城区的衡复历史文化风貌区，有着深厚的历史积淀和人文底蕴，同时，辖区内居民老龄化趋势突出，对社区养老等公共服务的需求度高、依赖性强。衡复风貌区寸土寸金，公共服务空间不足、资源配置不均衡也是长期以来困扰基层干部的一个瓶颈问题。

徐汇区为了加强公共服务统筹，把最好的资源拿出来提供给社区全人群，经过反复选址认证和居民需求调研，将区体育局机关从这幢建于1932 年、建筑面积 541 平方米的徐汇区文物保护建筑里整体迁出，乌鲁木齐南路 66 号 3 幢楼空间（总建筑面积 1200 平方米）经修旧如旧后，作为社区公共服务综合枢纽投入运营。太平街道以风貌区党建为引领，将“邻里汇”打造成家门口的党群服务中心、新时代文明实践点、美好社区治理共同体，形成与衡复风貌交相辉映、多元功能融合、引领美好生活的海派气质公共服务新地标。

街道把“人民城市”的理念融入风貌保护发展中，“66 梧桐院 · 邻里汇”代表着超大城市历史风貌区精细化治理的徐汇探索。在设计“66

梧桐院·邻里汇”之初，街道与上海市建筑学会以及项目设计单位反复研商，将老洋房的改造与公共服务空间需求两者相结合，保留风貌感、突出公共性，为“邻里汇”的功能布局提供专业支撑。同时，街道召开了两次周边居民的意见建议征询会，提出建设“邻里汇”的设想，得到了居民们的肯定。最终，“邻里汇”的整体布局、空间设计做到了“党建引领，功能优化，集聚社区品质服务供给”。

1. 突出红色文化资源价值引领，打造家门口的小型“四史”学习教育阵地、文明实践点和大文化品牌

“66 梧桐院·邻里汇”在党建引领下，通过建立“风貌区最美党群服务中心”，以区域化党建、居民区党建、两新党建融合为目标，以丰富深厚的红色文化积淀为抓手，为辖区党员群众提供“家门口的党群服务”。通过党建凝聚，让居民在融入社区、激发共鸣中，实现价值引领、情感认同，突出红色文化的价值引领。街道党工委持续开展“漫品天平初心路”沉浸式党课体验活动，让党员群众在行走中感悟初心使命。《时代模范——党员雷经天》情景剧由社区学校自编自排，在“66 梧桐院”连续公演 10 场，以“天平人演天平人”的方式传承红色基因，收获广泛好评。“百年　百家　百场”主题系列宣讲活动开设 42 门党史学习教育课程菜单，供社区各级党组织和区域单位点单，丰富组织生活内涵。

“66 梧桐院·邻里汇”也是天平街道的文明实践点，成为学习传播科学理论的大众平台、加强基层思想政治工作的坚强阵地、培养时代新人和弘扬时代新风的精神家园、开展特色志愿服务的广阔舞台，践行社会主义核心价值观，加大教育群众、凝聚群众力度，以文化人、成风化俗，不断提升社区文明程度和居民文明素质。依托心愿墙上各类心愿的发布和认领，为各级党组织开展“我为群众办实事”、实现个性化需求“圆梦”提供桥梁，在凡人善举的润物无声中，演绎出许多老百姓家门口的美好生活故事，成为浓缩社区共同精神和价值归属的承载之地。

“66 梧桐院 · 邻里汇”成立以来，精品文化活动接连不断，好戏连台。“小照片大时代”系列活动以“家国情怀、艺海春秋”“城市之光、人文天地”“表里兼修、城市为民”为主题，邀请名人名家、空间主理和行业大咖，透过小照片讲述大时代的故事，生动诠释“人民城市”重要理念。“梧桐 · 名家汇”系列文化雅集邀请一批在上海乃至全球文化艺术界引领风气，同时又与徐汇有着不解之缘的名家大师登场，解读红色经典魅力，浸润时代思想底蕴。“胶声梧桐”黑胶文化系列导赏活动以每月一期音乐主题，激发聆听者深刻共鸣。“梧桐琴室”古琴专场雅集弘扬中国传统艺术文化，以琴传情、以琴养心，成为社区里的“琴友之家”。“梧桐记忆 · 66 非遗”系列活动让石鼓文、海派剪纸、文物修复技艺等非遗文化走近社区居民，搭建起文物保护和文明传承的桥梁。

一个“颜值”与“功能”并举、有形又有神的党建引领下的公共服务品牌应运而生。其改变以往社区公共空间单一功能的做法，服务上注重需求导向，功能上强调“小空间大集聚、小平台大创新、小载体大服务”，并在运行的过程中不断动态优化，打造了社区居民的共享空间、社区服务的载体阵地和社区共治的重要平台。

2. 以民生需求导向共享共建，突出家门口的综合智慧服务站作用

“66梧桐院·邻里汇”建设的初衷，是要打造有服务、有人气、“以邻为伴、邻里共融”的熟人空间。除了每周特定时间引入上海评弹团，在“梧桐书苑”为居民带来宛转悠扬的评弹演出，深受居民欢迎以外，街道还牵头邀请社区规划师、专业设计单位、区域单位、沿街商铺、辖区群众等各方齐聚66梧桐院，民主协商风貌治理和小区公共事务。比如：街道重点推进的高安路精细化治理，成功打造网红“伊丽包子铺”，平衡了风貌感与烟火气；永嘉路309号口袋公园“嘉澜庭”，为周边居民提供难得的户外公共空间，成为兼具统战元素的新晋打卡地；建新、陕西片区一体化治理着眼于小梁薄板、不成套房屋、电梯加装、生活服务设施等堵点问题，广泛征集民智民意。

同时，街道党工委将综合为老服务中心设置在此，运用“大数据+服务”方式，为社区老人提供就餐、长护险、养老咨询、健康咨询等综合服务。其中：“一站式”综合服务常设老年健身操教学、老年辅具讲解、康复推拿、中医坐诊等服务项目；“一门式”办事窗口为老年人提供养老政策咨询，量身定制养老供给，提供长护险申请及机构评估解释，适老性改造等常规事项；“一网覆”信息管理通过“天平街道智慧民生服务信息系统”平台，全面掌握养老数据、养老保障和养老方式等信息，更精准地服务居民需求；“一体化”资源统筹提供邻里汇优质场地资源，引入第三方为老服务机构，以社区居民多元需求和满意度为导向，提供高品质的服务项目，打造特色资源的统筹平台。

“66梧桐院·邻里汇”项目通过全区统筹，突破部门壁垒，实现稀缺公共资源重新优化配置，使过去的封闭空间转变为面向群众的开放空间，发挥更大社会效益。项目依托具有历史和浓厚文化底蕴的文保建筑，营造社区治理和公共服务的新空间，突破了天平街道社区治理中长期存在的瓶颈制约。空间设计和运营中挖掘利用社区内人文资源，充分融入红色基因和海派文化要素，创新了基层党建活动形式，体现了上海市品质和城市精神。通过充实社区服务、多元治理、党建宣传等丰富内容，使这一空间发挥出更大的政治和社会效益，同时创新空间运营机制，开门办“苑”，委托第三方负责日常管理，充分借助社会力量开展活动，确保活动内容丰富和贴近居民需求，共同奠定构建“美好生活共同体”的基础。

（三）科技与文化、他助与自助联动，赋能创新运营

案例3：医养结合为特色——江南新村“邻里汇”

江南新村“邻里汇”于2017年5月建成运行，总面积1200平方米，政府主办、社会化运营、社会多元主体共同参与，是治理服务共享空间、为老服务综合体，这里的医养结合特色为民称道，也得到了李克强总理的现场肯定。

1. 船舶文化激起多元化服务与共建自治的动力

江南新村，是斜土街道中最老最大的小区，“邻里汇”中的一部分房子是江南造船厂退休职工的活动房，接待处的船型大招牌，社区内的船文化长廊走廊，楼梯间上随处可见的救生圈、铁锚、热带风情的小装

饰品凸显着船舶文化和海洋文化。住在附近的老人也是当年江南造船厂的船工和建造师，居民对船舶的热爱与硬件环境的结合是“汇邻里”的重要因素，曾因帮助解决场地问题，联名上书的老同志第一次走进邻里汇时，饱含泪水地说出“我们看到的是‘我们的邻里汇’，这就是我们的公共客厅”，因此，在江南造船集团、存在十多年的自治组织“江南匠心舫”、街道等各方资源的支持下，充满船舶文化特色的江南新村“邻里汇”应运而生。

江南新村“邻里汇”的不同楼层有不同的主题服务功能：一楼是生活服务与医疗健康，包括健康管理驿站、聊天吧、老年助餐点、休闲阅览、事务咨询代办、自助式生活服务查询、社区卫生站等；二楼是养老服务与休闲活动，包括长者照护、日托照料、居家养老服务、老年助浴、日托活动、康复健身、阳光休闲区等；三楼是公共托育与共乐天地，包括幼托、晚托、亲子服务、老少书吧、屋顶菜园、多功能培训室。老小区居民家庭普遍存在客厅较小的问题，往往客人一多便会显得拥挤不堪。遇到这种情况，只需提前预约一下，便可以把客人请到“邻里汇”来喝茶聊天。正因如此，“邻里汇”人气越来越旺，汇聚于此的居民也越来越多，口口相传的好评让斜土街道“邻里汇”知名度越来越高，大家因家门口的“邻里汇”而倍感自豪。

在“邻里汇”建设和服务过程中，核心是提供多元化服务。但不能一味地依赖自上而下的行政主导，或是由运营主体全权单线条地服务输出，而是要策略性引导，不断鼓励居民参与，让居民感受到“这是我们自己的活动中心”。因此运营主体要注意社区能人挖掘、各类社群培育，通过促进居民参与能力、参与价值、参与意愿的提升，策略性地引导居民参与能力、参与价值、参与意愿的提升，策略性地引导居民参与邻里汇活动策划组织。社区老年居民尤其是船厂老职工充分发挥主体能动性，群策群力，积极参与，他们更自豪的是自己的人生价值在这里再次得到了体现。“邻里汇”的全职工作人员并不多，但每天来这里活动的老人、孩子等，多达上百人次，如果仅靠工作人员显然是不够的。老年居民自发成立了志愿者队伍，排班来这里参与志愿服务。服务的得到与共建的付出结合，是居民价值的体现，促使居民爱“邻里汇”，实现“邻里汇”自我良性运转。

江南新村社区中60多岁到90多岁的老人，有的是建造师，从“邻里汇”建设伊始，就对整栋楼的环境布局等提出不少专业且可落实的建议，被施工方采纳；有的是律师，进行法律咨询等各种公益活动；有的居民写得一手好字，工作人员就邀请他书写每周的活动排片表。各种能人，他们原在社区里没有事做，有了“邻里汇”以后，不断有人自告奋勇地毛遂自荐。有人说，我会摄影，能不能拉个摄影团队一起教大家？有人说，我本来就是律师，能不能为大家提供律师咨询服务？也有人说，原来是青少年桥牌达到国际比赛级别的，能不能拉点朋友一起打桥牌？“邻里汇”逐渐梳理出“8+X”个服务领域，形成“一站式综合服务”“一体化资源统筹”“一网覆盖的信息管理”，全线响应、全时开放的嵌入式社区养老服务新模式。

2. 在以结合文化汇聚的基础上，科技赋能为老服务

将科技元素、健康服务、日常监护融为一体，打造“AI+ 社区”健康养老应用场景。建立“云医院”实现共享数据，家庭医生联合医院进行专家视频诊疗，让老年人不出社区也能享受优质医疗服务，如：依托辖区内全国著名的家庭医生团队——朱兰团队在江南新村“邻里汇”内的健康管理驿站现场指导，居民进行健康自测，并开展各种健康自管活动；依托斜土街道第二敬老院，以“院汇融合”为切入点，以物联网、人工智能为支持，打造沉浸式养老居住区，着力打造“美好生活共同体”。

围绕智慧养老、智慧健康、智慧照护、智慧安防，嵌入全屋智能、AI+ 医养健康、AI+ 政务服务、AI+ 亲邻互动等应用场景，提供包括生活服务、康复护理、紧急救助、精神慰藉等服务项目，通过街道智慧服务管理平台、智能家居一键呼叫、“健康云”平台等医疗服务和居家养老体验，将科技元素、文化创意和生活服务融为一体，实现对孤老、高龄独居、困难老人等重点人群的日常监护，构成了社区养老坚强有力的支撑体系，提高了社区居民健康素养与健康水平。

（四）通过社会主导，建立时尚地标中的共融空间

案例 4：龙华时尚新地标——滨江水岸“邻里汇”

1. 现代与古雅交汇的现代服务旗舰集成平台

岸芷汀兰，云锦之美，现代建设与古雅风韵在滨江水岸“邻里汇”交汇。滨江水岸“邻里汇”于 2019 年 12 月 13 日正式启动。总面积约

2400平方米。大楼的外墙是鲜艳的橙色，环境优雅时尚。一楼是生鲜超市、“泷”咖啡和政务自助服务点。二楼有老年人日间照护中心、智慧健康小屋、社区长者食堂、亲子成长中心、水滴讲堂、共享厨房、便民服务点、舞蹈健身房、心理疏导室等。老人在邻里优倍室悠闲品茶，孩子们在亲子中心快乐地做游戏。三楼设置了党建服务站、社区放映厅、社会组织孵化空间，大阳台上还有个花园，在这个环保实践基地，居民们可以一起动手认领植物，用废弃物品手工制作成美美的艺术品。

滨江水岸“邻里汇”作为龙华街道“邻里汇”旗舰园，发挥功能集成型平台作用，以因地制宜、需求导向为原则，叠加多层次、多维度服务内容。以党建引领初心汇、社区共治人才汇、公共客厅睦邻汇、智慧政务便民汇、书香咖啡思享汇、邻里食堂美食汇、亲子成长育才汇、律动空间健美汇、生活服务好实汇、双拥花开并蒂汇、公共客厅睦邻汇、水滴讲堂知识汇、社区共治人才汇、百姓舞台才艺汇、影像放映精彩汇、环保实践创客汇、日间照料康乐汇“十六汇”为服务理念，设计了“十六汇”共融空间。“十六汇”空间相辅相成、灵活搭配，以有限的空间承载社区全年龄段居民的服务需求，为周边的居民和白领等提供政务、生活、为老、健康、文化、体育、教育、法律、心理、志愿等“十项全能”服务，实现了“小空间、大集聚，小平台、大创新，小载体、大服务”，居民们在家门口就能体验“高品质服务”，是满足居民日常刚需和美好需求融合的体现，使滨江水岸“邻里汇”真正成为居民群众追求美好生活的载体和枢纽。

2. 格局与细节的统一，成就滨江服务新地标

滨江水岸“邻里汇”融合了千年龙华的文化传承、时尚雅致的艺术风韵、温馨浪漫的人文气息和多元共融的贴心服务。滨江水岸“邻里汇”有个吉祥物，取名“泷宝”，以亲切可爱的形象向社区居民传递着滨江水岸“邻里汇”的运营理念。“泷”，有时细如涓流，有时磅礴如鸿。意指在服务接待过程中，“微笑待人三分暖，热情服务春不寒”，以润物细无声的方式，不断提高群众的获得感和满意度；而在服务的规划与工作态度方面，则以大开大合的眼界与格局，时刻保持着服务的激情与热情。

第四节　从“邻里汇”到“邻里汇工程”：打造创新社会治理品牌

2021 年，徐汇区深入贯彻落实人民城市重要理念，立足实现人民对美好生活的向往和社会治理现代化，提出了“邻里汇工程”，并将其写入区域发展“十四五”规划，作为徐汇区“十四五”期间一项重要工程。“邻里汇工程”在“邻里汇”建设的基础上，从“邻里汇”本体建设向引领治理理念升级，从注重服务供给向提升治理效能转化，通过打造一些卓越片区、落地一些民心工程、采取一些治理创新，在实践中不断凝练形成社会治理的徐汇品牌和范式。

一、“邻里汇工程”提出的意义

在“十四五”开局之年，徐汇区提出了“邻里汇工程”，这是徐汇区立足破解治理难题、回应民生关切的重要举措，具有深刻的现实意

义，这既是对过去经验的一种继承和发展，也是面向未来探索现代化治理之道。

第一，是对徐汇区长期以党建引领基层社会治理经验的继承和发展。新中国成立以来，我国城市基层社会管理体制经历了从单位制、街居制到社区制的变迁，社会结构也从“单位人”到“社会人”再到“社区人”的转变。面对社会结构和管理体制的变革，社会成员的空心化、原子化问题及公共意识的不断增强，基层社会治理面临着前所未有的困难和挑战。从发源于徐汇的“康乐工程”到当前的旧区改造、片区一体化治理、“邻里汇”建设等。徐汇区坚持以党建为引领，积累了丰富的基层社会治理经验，这些为“邻里汇工程”打下坚实的实践基础。

第二，是从“邻里汇”本体建设向治理平台、治理理念的升级。经过 5 年的布局发展，“邻里汇”已经构建了区—街镇—居民区三级“1+13+X（306）”的网络，成为居民的共享空间和社区服务阵地。然而，面对群众更加多元化的服务需求，面对人民城市理念对基层治理提出的更高层次要求，徐汇区应在更大层面、更深层次思考基层党建引领、多元参与的共治共建体系，实现由“邻里汇”本体建设向打造治理平台、形成治理理念、推动治理创新的迭代升级。

第三，是践行人民城市理念，走出超大城市中心城区社会治理现代化的积极探索。立足“十四五”的开局和起点，徐汇区深入贯彻人民城市重要理念，将提高社会治理能级放在了突出位置，提出了“邻里汇工程”，作为统领基层社会治理现代化的有力抓手。通过不断实践探索，旨在建设一个攻坚克难、系统破题的工程，打造一个治理手段、治理模式、治理理念集成创新的工程，深化一个以人为本、人人共创的工程。

二、“邻里汇工程”主要任务

“邻里汇工程”聚焦“美丽、温馨、活力、智慧、和谐”家园建设。围绕“五个家园”，共分为15项内容和29项具体任务，致力于通过3—5年的时间的集中发力和持续投入，以回应人民群众对更高层次美好生活的期待，打造成为建设人民城市、落实“五个人人”的基层治理标杆。

（一）聚焦城区治理，建设美丽家园

城市更新和旧区改造是城市发展的必由之路，伴随着城市发展出现新老城区的分化，以“老破小”和“脏乱差”为主要特征的老城区的老旧小区成为治安、矛盾等社会问题频发的地方，成为城市治理中的一块“硬骨头”。围绕城市的有机更新和社区的可持续发展，“邻里汇工程”提出了“打造精细化社区、精品化街区和一体化片区”的建设任务，包括推动旧住房综合改造、小梁薄板改造等“美丽家园”建设；风貌保护小区、老公房小区和商品小区的分类精细化治理；架空线入地和合杆整治等城市街道综合整治；历史风貌区的微更新、微治理，促进四态融合、协调发展；片区一体化治理的继续推广等方面。在城市更新中全面体现以人为本的价值导向，体现城市治理的温度。

（二）紧扣美好生活，建设温馨家园

民有所呼，我有所应，共产党员应将人民群众对美好生活的向往作

为奋斗目标。随着经济社会的发展，当前正着力全面提升人民群众居住品质，从“住有所居”到“住有宜居”迈进。围绕基层公共服务和社会治理两项任务，“邻里汇工程”提出了“实施基层治理难题破解行动、星级邻里汇创建行动、社区综合集成服务体系升级行动”的建设任务，包括落实加装电梯、旧住房修缮等民心工程及解决群租、飞线充电等治理难题；“邻里汇”的建设和能级提升；优化服务居民的社区公共服务设施；完善“水岸汇”滨水服务体系；探索党群服务中心与各种基层阵地开放共享等。以服务融合治理，不断提升人民群众的获得感、幸福感和安全感。

（三）激活共建共治，建设活力家园

基层社会治理要不断健全党组织领导的自治、法治、德治相结合的治理体系，推动建设人人有责、人人尽责、人人享有的社会治理共同体。围绕“三治结合”，激发共建共治的新动能，“邻里汇工程”提出了“夯实自治基础规范民主协商，突出德治引领共育社区精神，强化法治思维保障社会善治”的建设任务，包括完善畅通多元主体参与社会治理的渠道和路径，形成制度化规范；培育社区能人、达人队伍，形成公共议题；建立民主协商机制，形成自治规约；坚持社会主义核心价值观引领，将共同体价值观念融入社区生活；发挥公益精神、志愿精神、家教家风的化人作用；引导群众依法维权和化解纠纷；弘扬法治精神，提升基层公共法律服务的水平和均衡等。构建并不断优化共建、共治、共享的社会治理新格局。

（四）增强数字赋能，建设智慧家园

数字化、智能化是基层社会治理现代化的重要手段。中共中央、国务院《关于加强基层治理体系和治理能力现代化建设的意见》指出，要加强基层智慧治理能力建设，并从做好规划建设、整合数据资源和拓展应用场景三个方面提出了要求。围绕提升基层治理的数字化水平，“邻里汇工程”提出了“重塑社区治理网络，引领智能场景应用，提升城市治理效能”的建设任务，包括搭建人与人、人与社区线上交互平台，打造线上线下孪生社区；整合信息系统和移动应用，切实减轻基层负担；建设智能场景应用，打造智慧生活；围绕“高效处置一件事”，推进“两网”有机融合；健全数据在基层社区的共享机制等。把握数字化带来的机遇，让社区治理更有效，让公共服务更便捷。

（五）适应平战结合，建设和谐家园

社区公共安全事关人民群众的生命和财产安全，是基层治理中的重要一环。当今社会是一个风险社会，自然灾害、意外事故、公共卫生事件等不确定安全事件随时威胁着社会安全，新冠疫情对我们社会应急管理机制提出了挑战，同时也更加凸显了基层社会治理在应对突发事件中的作用。基于此，“邻里汇工程”提出了“健全疫情防控常态机制、应急管理机制、平安社区机制”的建设任务，包括总结固化疫情防控期间条块联动多方协同的经验做法；健全多元主体参与的社会动员机制，推动疫情防控常态化；继续拓展大数据在疫情防控中的应用；理顺三级应急管理体系，建立多方参与的社区应急管理机制；建立形成针对社区突

发事件的分类分层应急处置机制；落实基层建设“六有”要求，提高防范应对突发事件能力；着力防范重大矛盾风险，构建社会矛盾综合治理机制等。要构建常态化管理和应急管理动态衔接的基层治理机制，筑牢基层治理的安全底线。

三、邻里汇工程重点任务推进举措

（一）片区一体化综合治理创新老旧小区治理新思路

近年来，随着城市的扩张和发展，新城开发与旧区衰落呈现出比较强烈的对比。那些隐藏在城市中心的老旧小区由于年代久远，居住环境差、规划设计不合理、物业管理混乱等问题突出，同时，居民老龄化程度高、社会边缘群体集中、社会矛盾较大，成为社会治理的“硬骨头”。2016年，中共中央国务院出台了《关于进一步加强城市规划建设管理工作的若干意见》，提出了在我国推广“街区制”的意见，为老旧小区的空间治理提供了新的思路。

从2016年开始，徐汇区陆续在凌云街道417街区、漕河泾街道华富街区、徐家汇街道乐山街区开始了片区一体化综合治理，取得初步的成绩，不但使街区的面貌焕然一新，居民的幸福感、获得感、归属感也显著提高了。特别是乐山新村，作为过去的棚户区安置房，这里曾是“老破小”和“脏乱差”的代名词，这片坐落于城市中心的“洼地”，是多年来徐汇区社区治理的“顽疾”，令基层干部犯难。从2018年开始，徐家汇街道下定决心打响了乐山片区综合治理的“第一枪”。三年来，街道坚持以党建为引领，发挥党员先锋模范作用，先后通过拆除违建美化空间、片区一体重塑格局、环境提升优化服务、治理融合共同参与等“软硬结合”的方式，让乐山片区彻底实现了蜕变，逆袭成为人人向往的幸福家园。乐山片区综合治理得到了人民日报、新华网、解放日报等媒体的关注和报道，央视新闻联播也进行了专题报道，产生了广泛的社会影响。

一体化治理以空间治理为突破口，采用“硬治理＋软治理”、以服务融合治理的方式，形成了以党建为引领、社会积极协同、群众广泛参与的基层社会治理格局。

从“硬治理”的层面来看，主要体现为四大举措：一是重构社区边界，开放社区界面。街区制的内在要求就是打破空间阻隔，实现社区和街区的融合。封闭的社区造成了公共服务和社区资源的排他，限制了人际交往。拆除围墙，建设开放型街区实现了空间的共享和融合，为服务和治理提供了空间载体。二是合理规划道路，打造节约、健康、便利的交通系统。这对于实现街区交通的微循环，对整个社区各种功能之间的相互连接、形成完整的城市空间、刻画富有特点的社区形象至关重要。主要通过打通小区梗阻道路、整合慢行系统与住区交通体系、丰富线路设计以强化观赏性和趣味性、提高公共交通可达性四个方面来完善街区交通系统。三是营造公共空间，提升服务功能。公共空间是提供公共服务的载体，是空间治理的对象。通过利用公共空间营建口袋公园、公共会客厅、休憩场所、邻里小汇等微空间，打造空间节点；通过违建拆除、设施建设及更新、停车位规划等措施提升街区环境质量；通过完善生活服务、政务服务、商业服务等街区基础设施，提供更加优质、便捷的社区服务。四是增加绿化空间，打造生态街区。受制于空间逼仄，老旧小区绿化空间不足的问题由来已久，绿化空间和生态基础设施是老旧街区空间改造中的重要内容，通过拆墙透绿、规划建绿、立体绿化和街角增绿的方式增加绿化空间，提升街区环境。

从“软治理”层面来看，可概括为三大机制：一是党建联建共治机制。通过组织和制度的双重嵌入，实现党全面领导一体化治理的机制。一方面，通过党的领导实现行政力量和资源的跨部门整合，形成治理的合力。如徐家汇街道成立乐山片区综合治理联合党支部，凌云街道搭建街区区域党建联盟，畅通党建领导下的协商机制，实现资源整合。另一方面，通过党员下沉，发挥党员身份认同和先锋模范作用。如乐山开展党员开展大走访、大调研活动，通过党员亮身份、亮承诺，促进积极担当作为，建立党员先锋对开展志愿服务活动等。二是街区融合治理机制。街区融合治理主要依托街区一体化平台运作，利用商业街区与居民小区的空间互嵌、资源互补和治理互通，实现街区综合治理融合发展。一方面，重塑空间边界和治理体系，实现街区一体化。另一方面，通过不断优化街区公共服务功能的配置，强化街区居民的共同体意识。三是社区共建的协调机制。在一体化综合治理中，徐汇区通过搭建公共协商平台，充分调动多元治理主体的智慧和积极性，促进居民有序参与社区治理，形成治理合力。通过建立业委会联合会、党建联盟等联合型组织，建立跨小区的沟通协调机制，推进社区治理的一体化。同时，建立物业沙龙、业委会沙龙等社区协商议事平台，为各主体信息沟通和参与治理提供组织支持，实现基层协商民主的规范化和制度化。

片区一体化综合治理是徐汇区老旧小区改造的一种全新的探索，为今后的旧区改造提供了宝贵的经验。徐汇区“十四五”发展规划也明确提出，要在前期实践的基础上，持续总结经验，推广片区一体化综合治理，建设一批条块共建、社会共治、人民共享的卓越片区。

（二）加装电梯，加出“幸福感”和“自治力”

既有多层住宅加装电梯是上海市的一项民生工程和民心工程，是上海市深入贯彻“人民城市”重要理念，聚焦“老小旧远”工作，提高居民生活品质的重要举措。近年来，徐汇区部分居民区为解决老人出行困难，通过民主协商、居民自治的方式已成功加装了电梯，积累了一定的经验。2021 年来，在区委区政府的统筹推动下，坚持“居民自愿、民主协商、政府扶持”的原则，围绕意愿征询、施工安全、管理维保等难点堵点问题，充分激发群众自治活力，充分做好服务、扶持和引导工作，加梯工作在各居民区稳步推进，部分条件较好居民区如乐山六七村、金牛花苑、上师大科技园等地实现了规模化加装。

加梯工作是一项政府引导，以居民为主的自治共治行为。徐汇区将资源、力量下沉基层，发挥各基层组织的积极性和能动性，激发群众自治热情，各街镇积极寻求突破创新、探索工作机制，形成了一套行之有效的工作方法，现从三个方面进行概括：

一是以党建引领加梯工作，发挥党组织的政治优势。首先，徐汇区通过加强党组织建设，将党组织嵌入基层治理，以党建带社建、促群建。通过成立加梯临时党支部，全面、整体引领加梯工作，完善党建引领的自治、德治、法治相结合的基层治理体系。居民区是加梯的前沿地带，通过加强居民区党建，配优配齐支部书记队伍，更好发挥其在利益分配和矛盾调解方面的重要作用，更好整合“三驾马车”以形成工作合力，形成了各具特色的党建品牌。其次，让群众做群众的工作。各居民区充分动员自治力量，在各楼栋成立了以党员、楼组长、能人达人组成的加梯三人小组，负责统筹楼栋内的意愿征询、资金筹措、协议签订等工作。三人小组作为群众工作的中坚力量，发挥着重要的楼栋协商议事平台的作用。同时，充分依托居委会各类自治项目和“邻里汇”等沟通平台，解决好加梯中的利益平衡和居民矛盾等事宜。再次，在区级层面成立了加梯技术指导服务中心，在街镇层面成立了加梯工作站，实现区域的全覆盖。通过两级加梯专门机构联动配合，全面做好政策咨询、技术指导等工作，让群众更好地了解政策，参与其中。

二是加强政策指导，以“条块配合和部门联动”统筹推动加梯工作。加梯因关系到公共利益，其审批涉及房管、建管和市场监督等部门，流程复杂，专业性较强。因此，区房管局、地区办等部门率先牵头制定了《加装电梯操作流程指南》《加装电梯群众工作指南》和《加装电梯运维管理指导意见》等政策文件，在上海市的法规、政策基础上进一步细化了工作办法，为加梯工作提供了政策参考和行动依据。同时，徐汇区在工作初期就开展了全区既有多层住宅加梯的评估工作，摸清适合加装、较难加装和不适合加装楼栋的工作底数，形成区内住宅小区加梯可行性分析地图。以此为基础，将全区的 13 个街镇分为四个梯队，将年度任务分解到各街镇，定期对工作进展和动态以简报形式公布，形成“比学赶超”的工作氛围。

三是政府全面做好加梯的服务和保障工作，提高加梯工作效率。首先，徐汇区不断优化审批流程，提高工作效率。在区加梯技术服务中心设立了“一门式”受理窗口，简化了群众的审批程序和手续。同时，区房管局、街镇、居委会和业委会发挥各自职能，负责或协助做好公示、公告工作，确保各阶段工作有序开展。其次，严格工程建设准入门槛，落实施工安全责任。相关部门经考察与协商，形成了包含 6 家优质企业在内的项目管理总承包推荐名单，供业主参考并选用，实施了项目代建、设计、施工总承包制度。再次，徐汇区除了落实上海市每台电梯补贴中的区财政承担部分、计提本人公积金等扶持政策外，还印发了《徐汇区关于既有多层住宅加装电梯相关扶持内容的通知》，明确了对每个加装单元叠加“美丽楼道”改造、竣工验收备案和技术指导服务等扶持政策，为加梯工作提供强有力政策支持。

在“十四五”期间，加梯工作仍将作为一项重要的民心工程进行推进，徐汇区也将继续总结经验、加大力度，实现“应装尽装”，回应人民对更加高品质生活的关切。

（三）旧住房改造打响城市更新攻坚战

旧住房改造是城市更新的必然要求，是保障居住安全、提升居住品质的重要举措。徐汇区作为中心城区，已较早完成了成片二级以下旧里的改造，近年来又实施了“美丽家园”建设及“小区综合治理三年行动计划”等，使得居住品质切实得到提升。然而，仍有部分零星二级以下旧里、小梁薄板住房、不成套职工住房等旧住房存在，它们不同于整体性动迁，分布范围较分散，实施难度较大，成为徐汇旧改的“最后一公里”和“十四五”期间重点攻坚对象。

为加快推进零星旧改的顺利进行，徐汇区开展“小梁薄板房屋两年行动方案”旧改攻坚，坚持以人民为中心的原则，多措并举，以“销项式”推进，工作举措可以从以下方面概括：

一是健全旧改的组织领导机制，打通条块协同障碍。徐汇区建立了“1+3+X”的组织领导架构：即1个指挥部，由分管副区长负责；3个工作组（计划统筹组、房屋改造组、旧改征收组）；X个现场分指挥部，设在相关街道。同时，为了加强在工作中部门联动和工作协调，还建立了由副区长牵头的旧改联席会议制度。二是健全工作办法，落实旧改工作保障机制。针对旧改中居民过渡费用标准低、缺少群众工作队伍和经费保障的问题，徐汇区制定了《关于加快推进徐汇区旧住房更新改造工作的操作口径》，明确了过渡期限、过渡费用标准、群众工作机制和相关经费保障的问题，为工作的顺利推进提供了重要保障。三是分类别分批次推进，明确动态清零的目标。徐汇区为了北部衡复风貌区能更好地保持历史的原貌，更好地延续历史文脉，保留城市记忆。坚持“留改拆”并举的工作思路，因地制宜推进旧住房改造。在风貌区内主要以征收的方式进行改造，在风貌区外主要以拆除重建的方式进行改造，确保三年内，零星旧改住房实现动态清零。四是升级片区式改造，获得更大福利和效益的增量。徐汇区在旧改中坚持从单一改造向片区改造转变，除了解决房屋本体结构安全隐患和不成套的问题外，还兼顾小区配套设施缺乏、停车位紧张等民生难题，并且同步实施加装电梯、管线入地等工程，实施居民区居住条件的综合提升，既使政府减少了不必要重复建设，又使居民的幸福感产生了叠加效应。

徐汇区当前零星旧里与卓越城区发展定位已经极不匹配，成为制约城市品质、生活质量的短板。今后，徐汇区应充分认识这项改造的紧迫性，将人民利益至上的理念贯穿工作的各个环节中去，在“十四五”期间，继续打好旧改的“攻坚战”。

第五节　“邻里汇工程”的成效

徐汇区深入推进“邻里汇”建设的5年来，从改善公共空间的不足，建立了家门口会客厅，到服务能级和品质的不断升级，再到打造“邻里汇工程”的治理平台和理念。“邻里汇”被不断赋予新的内涵、功能和意义，已成为徐汇居民不可或缺的一种“生活方式”。

一、公共空间显著改善

空间理论认为，空间不仅仅是一种自然存在和“容器”，而是社会关系的产物，具有丰富的社会内涵，其对于创造公共交往具有非常重要的作用。[①]“邻里汇”正是直接产生于公共空间的不足。5年来，徐汇区以“15分钟社区生活圈、5分钟家门口服务圈”为标准，持续加大投入，通过统筹利用现有社区资源，建成并投入使用了20家街镇“邻里汇”和306家“邻里小汇”，国际邻里中心也已开始建设，基本实现了居民区的全覆盖，实现了“小空间大集聚、小平台大创新、小载体大服务”。空间的改善为下一步的服务和治理提供了载体，也为增进居民交往，构建“熟人社区”创造了必备的条件。

无独有偶，徐汇区片区一体化综合治理也聚焦空间治理，将若干个居民区“打包”成片区，通过拆除围墙来达到“提亮通透”的效果，使原来的封闭小区变为开放的街区，实现公共空间的更加高效利用，产生了良好效果。当前，在前期乐山片区、凌云417片区和华富片区三个一体化治理经验的基础上继续推广，力争在每个街道都打造一个一体化治理示范街区。

二、服务能力不断增强

“邻里汇”公共空间如何才能更好地汇聚人气，不但吸引人，更能留住人？服务是关键。“邻里汇”致力于打造居民家门口的“党群站”“会客厅”“托老所”和“便民点”，当前，街镇级邻里汇已普遍设置了面向居民的政务、生活、为老、健康、文化、体育、教育、法律、心理、志愿等十大类基本服务。同时，各街镇“邻里汇”根据各自辖区特

① 李春敏：《列斐伏尔的空间生产理论探析》，《人文杂志》2011年第1期。

色设置了不同的特色服务主题。斜土街道江南新村“邻里汇”突出“医养结合”特色；长桥街道生态家园“邻里汇”绿意盎然、曲径通幽；凌云街道结合辖区文化特质，打造“书香邻里汇”；湖南街道“邻里汇”营造了“助餐＋助老”的组合式服务格局，为历史风貌区的居民和白领增添了一处重要的公共服务设施……

为了更好地提升服务水平和能级，“邻里汇”采取了政社合作的运营模式，通过项目化运作，整合社区资源，引入社会组织和志愿团队，为居民提供养老服务、健康服务和便民服务。同时，不断提高服务项目的规范性、精准性和实操性，推动“邻里汇”的服务升级，为促进“邻里汇”的功能提升和内涵拓展提供了专业保障。

此外，为了更好地深耕居委，打通服务居民的“最后一公里”，很多居委将办公地点改造成“邻里小汇”，只保留少量的共享工位，以此换取居民空间的最大化。通过统筹党建、管理、服务等力量，设置为老助餐、健康咨询、法律援助、事务代理等 10 项基本功能，提供谈心室、阅览室和活动室等场所。将居委会建成综合性服务集成平台，真正体现了居委由“行政型”向“服务型”的转变。

三、治理水平持续提升

“邻里汇”除了提供服务之外，还发挥着基层治理的作用。“邻里汇”通过服务不断汇聚人气，居民聚集在这里议论着社区的事情，在思想和观点的碰撞中形成了共识，共同为社区的发展出谋划策，让“邻里汇”成为居民家门口的“议事厅”。在居民的交往中，一些能人、达人逐渐涌现了出来，组成了基层自治的中坚力量。以他们为主体，“邻里汇”为自治组织培育和孵化创造良好条件，引导团队自我管理、自我服务、自我发展，打造自治团队主题品牌特色。通过“邻里汇”的平台，多元治理的主体得到了激活，社区精神得到了培育，逐步形成了共建共治共享的基层社会治理格局。

立足“十四五”，“邻里汇工程”的提出是在“邻里汇”建设的基础上，对符合新发展阶段需求的党建引领共建共治体系的进一步探索，是徐汇区在社会治理上由空间赋能向治理赋能的转变，从注重服务向服务治理的一体化发展。片区一体化治理中的党建引领下的政府主导、社会协同和居民参与的有机结合；加装电梯中以党建引领，坚持居民自治为主和政府支持引导相结合……“邻里汇工程”的实践必将推动基层治理水平的持续提升和治理现代化的向前迈进。

第六节　启示和思考

“完善党委领导、政府负责、民主协商、社会协同、公众参与、法治保障、科技支撑的社会治理体系，建设人人有责、人人尽责、人人享有的社会治理共同体。”这是党的十九届四中、五中全会对推进社会治理体系和治理能力现代化提出的明确要求。十九大以来，习近平总书记多次考察上海，始终关注上海的社会治理情况，并且提出了“人民城市”重要理念。徐汇区作为上海市中心城区，如何结合自身优势和特色，探索符合超大城市社会治理规律，具有当代价值、能复制推广、始终保持领先的徐汇治理范式，是“邻里汇工程”的必然要求和应有之义。笔者结合徐汇区“邻里汇工程”的实践，尝试从以下方面对这一范式进行概括：

一、坚持“以人民为中心”作为社会治理的原点

“以人民为中心”是贯穿习近平新时代中国特色社会主义思想的根本立场，是“人民城市”重要理念的本质要求。城市建设和社会治理应该坚持“以人民为中心”的理念，坚持治理依靠人民，治理为了人民，治理成果由人民共享，治理成效由人民评判，把提高人民群众的福祉作为社会治理的目标。

徐汇区近年来在社会治理中坚持“以人民为中心”理念，在治理中问需于民、问计于民，把群众满不满意作为检验工作的重要标准，让治理更加人性化，更加彰显城市温度。例如：在“邻里汇”的功能设计中，不追求“大而全”，而是立足社区特点，因地制宜地设置“邻里汇”功能和项目，以满足周边居民的生活需求为导向，打造特色化公共空间；在乐山地区综合治理中组织 202 名公务员、事业人员、社工等开展大走访、大调研，深入居民家中听民声，察民意，集民智、解民忧，深入了解群众关切，拉近了党群距离；徐汇区监管部门对在互联网爆红“熊爪咖啡”的人性化执法、衡复风貌区内“伊丽包子铺”的华丽转身，这些都彰显了治理的温度和城市的品格。

二、以党建为引领作为基层社会治理的基点

城市基层党组织是党在城市治理工作的基础。近年来，基层治理形

势发生了深刻的变化，流动性、多元化、个性化等特征日益突出，人员结构、矛盾纠纷和利益诉求日益复杂。同时，单位制的管控职能日益缩小，“社会人”的属性更加凸显。这使得基层社会治理需求不断提升，对社会治理领域提出了新的挑战，这些变化都从客观上要求加强党建的引领作用。作为基层社会治理的核心力量，党的建设水平直接关系到基层社会治理的质量，而基层社会治理质量又反过来影响党领导根基的稳定。

近年来，徐汇区在基层社会治理中坚持党建引领，形成了一些具有特色、有亮点的党建创新机制，成为党领导的社会治理中破解难题、提升能力的重要保证。例如：江南新村居民区通过重构治理单元（同构对应设置）的方式，构建党组织领导下的自治组织和体制，激发了基层自治热情活力，创建了“党员三先”工作法；乐山新村在社区中通过党员家庭挂牌，亮身份、亮承诺、亮行动，发挥党员先锋模范作用，成立党员志愿先锋队；在城市治理中成立任务导向型的临时党支部，加强资源的统筹和工作协调，加强党建引领，如乐山片区的综合治理联合党支部、区加装电梯临时党支部、区住房改造临时党支部等；凌云 417 片区搭建区域化党建联盟，整合区域党建资源，共谋区域发展；乐山六七村将党组织嵌入业委会和物业，建立红色物业和红色业委会，提高党组织领导居民自治的水平等。

三、重构治理体系，构建整体性政府是治理的要点

条线分散和条块分割是当前社会治理的堵点和难点，一定程度上制

约了公共行政的效率。碎片化、零散型的社会治理模式已难以适应新时代城市发展要求，“治理缝隙”日益显现。当前，应以城市数字化转型为契机，在实际工作中加强条块协作和条线联动，推动构建“整体性政府”是提高社会治理水平的内在要求和必然选择。

徐汇区近年来以“两张网”的建设为牛鼻子，推动政府的数字化转型，进一步打通了数据壁垒、行政壁垒和制度壁垒，实现了数据共享、信息互通和部门互联，逐步实现了政府业务的革命性重构。同时，积极促进职能条线联动和条块协作，共同解决基层治理难点，实现基层治理模式从条线职责纵向管理到块上需求横向统筹的转变，推动整体性政府的构建。例如：徐汇区在基层治理中发挥政党的政治整合功能，通过成立跨部门协调组织，整合各方力量形成治理合力；在加装电梯过程中通过审批材料的一门式受理和一站式审批，让老百姓只跑一次路，进一步整合审批资源，简化审批流程，为居民提供便利等。

四、治理精细化作为基层社会治理现代化的亮点

“城市管理应该像绣花一样精细。”这是习近平总书记对上海探索建立符合超大城市特点和规律的社会治理新路子的重要指示，也是“人民城市”重要理念的重要内涵。精细化治理理念是对当今社会治理复杂性的深刻回应，要求政府跳出粗放的管理模式，不搞“一刀切”和“大水漫灌”，借助大数据、人工智能等现代化管理手段，采取更加精准、细致的理念对治理要素进行分析，分类别、分情况采取更加有针对性的措施破解治理难题。

“精致和包容”是海派文化的精髓，徐汇作为“海派文化之源”，精细化的特征体现在城市治理的每个细节。例如：围绕衡复风貌区的“微治理”“微改造”，在加强建筑保护的基础上，平衡好风貌特色、烟火气息和商业元素，让城市文脉延续的同时，进一步焕发街区的生机，打造成为适合漫步的历史风貌街区；“网红”建筑“武康大楼”借助安装在楼内的多套传感器系统，对大楼的温度、湿度、震动、倾斜、位移等“健康数据”进行实时监测，通过“一网统管”进行数据汇集和分析，从而用更科学化、智能化、精细化的科技手段来维护和修缮历史保护建筑；肇嘉浜路改造中，借助地下废弃人防工程实现合杆整治和架空线入地，极大提高了城市面貌和城市品质等。

五、多元共治是基层社会治理的增长点

政府主导，社会缺位，是基层治理过程中常见的治理困境。与“城市管理”相比，“城市治理”并非强调以政府为主导的自上而下控制，而更多是包括政府在内的多元社会主体在自愿平等合作的基础上共同参与与互动。只有调动社会各方力量有序参与基层治理，发挥群众力量并不断提升自治水平，才能激发基层治理的内生动力，形成基层治理的长效化机制，成为建设人民城市中新的增长点。

徐汇区近年来在社区治理中注重挖掘“能人”“达人”队伍，作为社区治理的核心力量，引导和动员更多社区居民加入自治队伍，参与社区建设。例如：凌云街道梅陇三村培育孵化的“绿主妇”自治组织；龙华街道“益加艺”志愿服务项目建立了31支志愿服务团，3000多名志

愿者加入其中；湖南街道积极组织群众力量，创新建立“弄管会”和“路管会”，共同织起社区自治的网络等。同时，通过区域化党建等方式链接区域内社会资源，更好地服务社区治理共同体。例如虹梅街道的“虹梅庭”项目，成为创新社区—园区治理的社会化枢纽平台，整合了各类各级党群资源和社会力量，发现社会需求、培养志愿人才、营造公益社区，构建成“园区—社区”的共治生态圈。

第七章

系统集成创新建设世界级生态岛

崇明世界级生态岛建设本质上是贯彻习近平生态文明思想和人民城市重要理念、系统集成生态文明建设基本要素与人民城市建设基本内涵的一个为民工程，是中国特色社会主义现代化建设这一鸿篇巨制中“人民城市”“生态文明”和“绿色发展”的新篇章。“点、面、带、海”系统整合与共振效应。通过位于长江入海口的崇明生态岛人民城市绿色发展“点”上的示范，助力服务于长三角一体化高质量发展“面”上的推进，延伸辐射于长江经济带区域优化生态“带”上的共振，进而从江域辐射并带动“海”上的海外优化生态效应。“12345”系统集成创新：通过“一个首要、双碳战略、三生融合、四高统一、五绿并举”的系统集成创新，形成使命、战略、布局、目标、举措多层面有机统一的格局，借此推进“后花博”时期崇明生态岛人民城市建设发展。

第一节　大力推进世界级生态岛人民城市建设

党的十八大以来，习近平总书记多次在讲话中提出：必须遵循系统观念、系统工程的原则，坚持以系统思维方法来科学规划与系统设计中国特色社会主义经济、政治、文化、社会和生态文明“五位一体”总体布局的建设发展，以系统集成创新来贯彻新发展理念、推动新发展格局进行系统性重塑和整体性重构；人民城市建设是一个“以人民为中心合理安排生产生活生态空间、创造宜业宜居宜乐宜游良好环境”的系统工程；生态是统一的自然系统，人与自然、与山水林田湖草之间是一个生命共同体。必须按照生态系统的整体性、系统性及其内在规律，整体施策、多策并举，增强生态系统循环能力，维持生态平衡、维护生态功能，达到系统治理的最佳效果。要按照系统工程的思路抓好生态文明建设重点任务的落实，切实把能源资源保障好，把环境污染治理好，把生态环境建设好，为人民群众创造良好生产生活环境。

一、贯彻习近平生态文明思想和人民城市重要理念，系统集成创新放大世界级生态岛人民城市绿色发展的共振效应

2007 年，时任上海市委书记的习近平专程到崇明调研尚处于起步阶段的生态岛建设情况。他当时就提出要把崇明建设成为环境和谐优美、资源集约利用、经济社会协调发展的现代化生态岛区，特别是明确指出：“崇明的发展理念很好。要按照建设生态岛的思路，认认真真做下去，只要认准了方向就不要动摇”；崇明生态岛建设本质上是建设一个系统集成优化各生态要素的为民工程，即“水清、气洁、林茂、土净、环境宜人。”强调生态岛的建设要正确处理生态与民生的关系，要加快构筑现代生态型产业体系。

近年来，上海市委市政府按照习近平总书记当年的思路和要求，尤其是党的十八大以来深入贯彻习近平总书记提出“绿水青山就是金山银山”和“人民城市人民建，人民城市为人民”的重要思想理念，系统地制定一系列关于促进和保障崇明世界级生态岛建设的部署、决定与条例，从生态空间、功能布局、环境品质、发展质量、人居环境等各方面对崇明生态岛建设提供系统的支持与保证。2021 年，时任市委书记李强在崇明检查第十届中国花卉博览会筹备工作时指出，要深入贯彻落实习近平生态文明思想，全力打造一届精彩难忘的花博盛会，进一步放大花博会延伸带动效应，更好将生态优势转化为发展优势，全方位展示崇明世界级生态岛建设和上海生态文明建设的新成效新面貌新图景。当前，要紧紧抓住上海在“十四五”规划开局之年隆重举办花博会、加速开创人民城市建设新局面这个重大契机，在中共上海市委的领导下，将生态文明建设的基本要素与人民城市建设的基本内涵紧密结合起来，聚焦系统集成创新建设崇明世界级生态岛人民城市，整合与统筹生态文明型人民城市建设的方方面面，真正做到“政策取向上相互配合、实施过程中相互促进、改革成效上相得益彰”。通过位于长江入海口的崇明世界级生态岛人民城市的绿色发展“点”上的示范，助力服务于新发展阶段长三角一体化高质量发展“面”上的推进、延伸辐射于长江经济带区域优化生态“带”上的效应，进而从江域辐射并带动海外“海”上的优化生态效应。

二、“后花博”时期崇明建设世界级生态岛人民城市的“12345”系统集成创新

“后花博”时期崇明建设世界级生态岛人民城市是一个复杂的系统

工程。我们在推进过程中要增强各方面、各要素的关联性、协同性、耦合性，力争最大综合效益。通过“一个首要、双碳战略、三生融合、四高统一、五绿并举”的系统集成创新，形成使命、战略、布局、目标、举措多层面有机统一的格局，借此推进崇明生态岛人民城市建设发展。

（一）一个“首要任务”（使命层面）：全面贯彻习近平生态文明思想和人民城市重要理念，建设全世界独一无二的崇明世界级生态岛人民城市

习近平生态文明思想的根本观点是“生态文明建设是新时代中国特色社会主义的一个重要特征”。加强生态文明建设是贯彻新发展理念、推动经济社会高质量发展的必然要求，也是人民群众追求高品质生活的共识和呼声。新发展阶段对生态文明建设提出了更高要求，必须大力推动绿色发展，努力引领世界发展潮流。美丽中国就是要使祖国大好河山都健康，使中华民族世世代代都健康。要践行绿色低碳生活方式，呵护好我们的地球家园，守护好祖国的绿水青山，让人民群众过上高品质生活。2019 年 11 月，习近平总书记考察上海杨浦滨江时提出了“人民城市人民建，人民城市为人民”的重要理念，要求做好新时代城市工作，首先必须把“人民城市”理念的系统性和协调性落实到城市的内核与外延、建设与治理、环境与生态等方方面面。“后花博”时期，要深入贯彻习近平生态文明思想和人民城市重要理念，把生态文明建设的基本原则、基本要素与人民城市创建的基本内涵、基本要求有机结合起来，借此作为一个系统工程予以全面地、整体地落实和推进。要顺应人民群众

追求高品质生活的美好愿望，以建设一个人与自然和谐共生的崇明世界级生态岛人民城市为首要任务（可简称为上海超大规模人民城市建设中的‘生态崇明’版，与之相应的是杨浦等老城区的‘旧城振兴’版、青浦的‘长三角联建版’等），进一步加大绿色发展力度，让人民有更多获得感，为人民创造更加幸福的美好生活。

（二）落实“双碳战略”（战略层面）：确定“碳中和、低碳、零碳”三岛降碳协同增效的中长期目标，力争成为落实“双碳”战略的排头兵

“十四五”时期是我国生态文明建设进入以落实“双碳”战略（即碳达峰、碳中和）为重点战略方向、推动减污降碳协同增效、促进经济社会发展全面绿色转型、实现生态环境质量改善由量变到质变的关键时期。正如习近平总书记所指出的，实现碳达峰、碳中和是一场广泛而深刻的经济社会系统性变革，如期实现2030年前碳达峰、2060年前碳中和的目标。从系统整合中央和市委对崇明的部署与要求、崇明自身的客观条件与主观意愿、战略机遇与发展趋势诸方面情况的视角来看，“后花博”时期崇明要成为全国落实“双碳战略”的排头兵，可谓是“形”与“神”皆备，“先机”与“先手”俱得，具有必然性。崇明在对温室气体排放开展全区域、全口径、全过程的核算与评估的基础上，提出实现碳中和愿景的路径和行动措施。主要目标是：把崇明岛建设成为碳中和岛，全力推进能源、交通、建筑低碳化发展；把长兴岛建设成为低碳岛，侧重海洋装备等重点产业，积极谋划长兴碳中和产业园建设；把横沙岛建设成为上海首个可再生能源电力零碳供给的零碳岛，逐步以零碳

能源替代高碳、低碳能源。如申能集团与崇明区在“共建横沙零碳岛绿电项目”战略合作中开发“农光储一体化”项目和“渔光互补”项目，补充“微电网”，以零碳能源逐步替代高碳、低碳能源。在上海探索建设具有中国特色、体现时代特征、彰显社会主义制度优势的超大规模人民城市中长程发展中，崇明必将成为“碳中和、低碳、零碳”三岛降碳协同增效的生态型人民城市（区）。

（三）推进“三生融合”（布局层面）：积极打造宜业宜居宜乐宜游的全国生态花园标杆，把崇明建设成为“生产生活生态三大布局统筹融合”的现代化高品质的人民城市（区）

习近平在谈到人民城市建设时强调指出，“无论是城市规划还是城市建设，无论是新城区建设还是老城区改造，都要坚持以人民为中心，聚焦人民群众的需求，合理安排生产、生活、生态空间，走内涵式、集约型、绿色化的高质量发展路子”。崇明借力花博会东风，统筹生产、生活、生态三大布局，把握好生产空间、生活空间、生态空间的内在联系，实现生产空间集约高效、生活空间宜居适度、生态空间山清水秀，积极打造宜业、宜居、宜乐、宜游的人民城市（区），把崇明建设成为“三生融合”的现代化高品质的生态花园标杆城区。

（四）实现“四高统一”（目标层面）：在打造高能级生态、推动高质量发展、创建高品质生活、实现高效能治理四方面一体化推进，创造世界级生态岛人民城市（区）建设新奇迹

以习近平生态文明思想为指导，坚持生态优先导向，着眼于建构崇明高能级生态新优势，以乡村振兴、长江经济带和长三角一体化发展等国家战略为重要指引，把新发展理念贯彻于高质量发展全过程和各领域，高标准推进环境保护和生态建设，促进经济社会全面发展绿色转型。自觉践行人民城市重要理念，把为人民创设高品质生活放在首位，把最好的资源留给人民，把依靠人民、造福人民、植根人民转化为切实行动，真正实现人民对美好生活的向往。动员全岛人民群众为生态岛人民城市的高效能治理群策群力，同心协力地推进崇明社会治理现代化和新时期平安建设，全面增强城市安全韧性，使居民生活水平和质量稳步提高。以高能级生态保证高质量发展、创造高品质生活、助力高效能治理。

（五）力行“五绿并举”（举措层面）：绿色环境、绿色能源、绿色交通、绿色生产、绿色生活“五绿并举”，争当降碳减排、绿色发展的先行者

习近平总书记当年对崇明生态岛建设提出的整体性目标要求是“水清气洁林茂土净环境宜人”，正确处理生态与民生、与产业体系的辩证关系。后花博时期，崇明将根据三岛各自资源禀赋，分类开展碳达峰、碳中和，大力推进绿色环境、绿色能源、绿色交通、绿色生产、绿色生活，通过“五个绿色”整体性、系统性协同并举推进的路径与方式，促进碳排放减排，增强碳汇能力。以厚植生态优势“立区”，以高附加值生态农业“兴区”，以高端绿色产业“强区”，加快实现更高质量、更有效率、更加公平、更可持续的发展。

“花开中国梦”，“当惊世界殊”。“后花博”时期，应自觉贯彻党中央和市委的战略部署，通过系统集成创新加快建设生态环境美丽幸福、人民宜居宜业宜游、人与自然和谐共生的新崇明，奋力谱写中国特色社会主义鸿篇巨制中“人民至上”“生态文明”和“绿色发展”的新篇章，加快建设崇明世界级生态岛人民城市。

第二节　争当长江经济带“共抓大保护、不搞大开发”典范

2018 年 12 月 23 日，国家长江办印发《关于支持上海崇明开展长江经济带绿色发展示范的意见》，崇明成为长江经济带首个开展绿色发展示范的地区。开展绿色发展示范创建以来，崇明深入贯彻落实总书记提出的长江经济带建设“共抓大保护、不搞大开发”精神，按照《意见》(推进长江经济发展领导小组办公室第 87 号）要求，始终把生态环境修复摆在压倒性位置，积极探索人与自然和谐共生的新路径。2020 年，在国家推动长江经济带发展领导小组办公室发布的《长江经济带绿色发展试点示范实施情况评估报告》中，对崇明守住生态空间、创新“双清单”管理制度、推动科技和制造业融合发展、推动区域协作联动凝聚环境保护合力等方面工作予以肯定。2021 年 8 月，崇明强化“三管控一留白”综合管控、制定产业正负清单、建立生态环境资源保护检察协作机制 3 项经验被纳入《长江经济带绿色发展示范和生态产品价值实现机制试点经验做法第一批清单》，在长江经济带 11 省市推广。

一、推进一张蓝图干到底，打造上海社会主义国际化大都市的生态高地

坚持生态立岛，崇明作为最为珍贵、不可替代、面向未来的生态战略空间，是上海重要的生态屏障和 21 世纪实现更高水平、更高质量绿色发展的重要示范基地。一是突出规划引领、滚动实施，以最高标准、最好水平推进崇明生态岛建设。全市上下围绕世界级生态岛总目标，工作一茬接着一茬干，规划一轮接着一轮编，项目一批接着一批推。通过专门形成《崇明生态岛建设纲要（2010—2020 年）》《崇明世界级生态岛发展“十三五”规划》及正在编制崇明生态岛建设纲要（2021—2035 年）等一系列重要文件，明确了生态岛建设阶段性的目标任务和指标标准。围绕水土林、废弃物资源化利用、生态修复等领域，实施生态岛建设三年行动计划；崇明出台长江经济带绿色发展示范行动方案和第一轮行动计划（2019—2020 年），实施 8 个大类 110 项具体工作，以项目化方式推进绿色发展示范。通过不断加大市对区生态补偿和转移支付力度、实行大部分项目按 90% 比例扶持的差别化项目资金扶持政策、构建“1+X”的法治保障体系等，逐步完善保障生态岛建设的制度体系，为生态岛建设保驾护航。二是坚持“共抓大保护、不搞大开发”，保持战略定力，全面夯实生态发展基底。以水为核心，全面推进水土林气滩品质提升，通过推进削减化肥农药使用量、农业种养殖尾水等面源污染处理，力争实现出水断面不劣于进水断面。守护优质滩涂资源，开展滩涂自然湿地生态修复。加强生物多样性保护，通过暂停风电项目、推进

陈家镇规划“瘦身”等，实现“鸟进人退”。多领域实施严控制度，严格把控常住人口总量、土地开发强度、产业准入门槛、建筑密度，建立以横沙岛为主体的空间留白机制，按照“中国元素、江南韵味、海岛特色”要求强化风貌管控，明确新建建筑高度不超过18米，智慧岛数据园区总部大楼从52.65米改造至18米。多领域实现绿色生产生活方式全覆盖，实现生活垃圾分类减量、农林废弃物处理全覆盖，实现新能源公交车和出租车全覆盖、新建民用建筑绿色建筑设计标准全覆盖。

二、勇闯生态经济发展新路，打造绿水青山就是金山银山的崇明案例

崇明在实施全市最高的绿色发展门槛同时，依托良好的自然生态资源，发挥上海的区位、人才、科研、市场等综合优势，主动作为，统筹把握生态环境保护与经济发展关系，加快推动生态优势向发展优势转化。一是盘活沉睡资源、破解供需矛盾，增强生态产业发展源动力。通过盘活利用农村闲置建设用地、闲置农房等“沉睡资源”，推进农业休

持续加强VOCs、扬尘、移动污染源等污染物防治，还老百姓“蓝天常在”的幸福生活

在全市率先实现全域公共自行车、新能源公交车、新能源出租车全覆盖，
成为长三角城市群绿色出行的典型案例

闲体验园建设，提高资源利用效率。通过盘活产业园区低效工业用地，积极培育引进符合生态岛发展要求的产业集群，统筹优化区域重点产业发展布局，实现同类产业集聚发展。二是坚持应时合势、改革创新，实现传统产业转型突破。通过流转农村土地，采用企业化经营模式，与世界级知名企业开展合作，实现都市现代绿色农业规模化、集聚化发展。按照减少化学肥料、化学农药使用量要求，通过推进无化学肥料、无化学农药“两无化”农产品种植，培育大米、蔬菜、特色养殖业等农产品区域公共品牌。坚持向高处走、向绿色调、向蓝色拓，围绕海洋装备、海洋食品等产业，打造长兴岛千亿级海洋经济示范区。三是布局新业

态、壮大新消费，挖掘生态经济发展潜力。积极抢抓“数字机遇”，聚焦生鲜电商零售、“无接触”配送等重点发展领域，加快布局在线经济。

崇明农产品区域公共品牌蓬勃发展

三、落实一体化发展战略，促进生态治理和生态发展协同

根据长江三角洲区域一体化发展要求，推动生态保护与发展无边角、无边界。一是加强区域协同治理，积极构建沪苏共建共享机制。主动加强与江苏的沟通对接，协调推进启隆、海永两镇空间管控问题。通过与南通签署《全面战略合作框架协议》，严格执行《东平—海永—启隆跨行政区城镇圈协同规划》和建设导则，建立北长江口生态环境资源保护检察协作机制，推动规划协同、一网通办、设施互联、生态共治，实现长江口生态保护战略协同。二是坚持开放融合，汇聚共建共享强大

动能。深化与世界级选手、高校科研院所的合作交流，不断为生态岛建设引智聚产。开展“区区联动、品牌合作”，依托张江集团、临港集团，在崇设立分园，进一步带动崇明园区转型升级。切实发挥市民在生态岛建设中的主人翁作用，通过文明志愿者、抗疫志愿者、生活垃圾分类志愿者等形式参与生态岛建设的比例达到100%。三是创新生态红利，不断提升绿色福祉惠及面。通过创新实施生态养老补贴、生态惠民保险、生态就业岗位为代表的生态红利惠制度，实现基本消除城乡居民月平均养老金、城乡居民医疗保险等基础性社会保障水平与全市的差距。通过开发推出生态农业、旅游度假、休闲养生、健康养老等新产品，丰富崇明生态产品和生态服务功能，实现每年数以百万计的市民到崇明观光休闲、学习交流。

2018 年 1 月起对具有本区户籍已在本区按月领取城乡居民基本养老保险待遇的人员，每人每月发放生态养老补贴

四、工作成效

崇明开展长江经济带绿色发展示范以来，在规划建设、产业发

展、开放合作等方面取得一定的经验和成效,《上海崇明开展长江经济带绿色发展示范实施方案》提出的“2020年形成世界级生态岛基本框架,成为生态文明排头兵、绿色发展先行者”的目标基本达成。严守生态底线。崇明常住人口总规模保持在70万人左右,建设用地总规模控制在265平方公里内。严守崇明506.72平方公里生态保护红线(约占崇明行政区划面积的20%),其中252平方公里一类和二类生态空间,实行最严格管控。加快提升生态要素品质。绿色发展理念贯彻到生态岛建设的全领域和全过程。水体、植被、土壤、大气等生态环境要素品质不断提升,生态优势进一步厚植。森林覆盖率达到30.05%,环境空气质量优良率达91.5%,占全球物种数量1%以上的水鸟物种数达到14种,骨干河道水质达到Ⅲ类水域比例达到96.2%。全面推行绿色生产生活方式。持续推进生活垃圾分类处置、农林废弃物资源化利用、新能源公交车实现更高水平全覆盖,城镇污水处理率和农村生活污水处理率分别达95.5%和100%,生活垃圾资源回收利用率达38.2%,农作物秸秆综合利用率达96.5%,绿色交通出行比重达81%,可再生能源发电装机容量达49.19万千瓦。优质农产品生产供给方式显著优化,绿色食品认证率达91.8%,长兴海洋装备产业集聚发展,各产业园区加速转型,现代服务业加快发展,生态保护与经济增长互促共进。

五、经验总结

开展长江经济带绿色发展示范以来,崇明生态发展的目标越来越清晰，成效越来越彰显，社会美誉度越来越高，生态岛建设发展道路越走越宽广。总结创建历程，主要有以下几点经验：

一是必须始终坚持服务大局，不断提升政治站位。必须深入贯彻习近平生态文明思想，胸怀“两个大局”、坚持“四个放在”，围绕“生态优先、绿色发展”主线，把握世界级生态岛建设的战略定位和目标要求，全力保护好、修复好、建设好生态环境，全力构筑上海的生态屏障，打造全市绿色发展的重要示范基地，为全市引领绿色低碳发展、体现生态建设高度、保障生态之城建设当好重要支撑，为长江经济带“共抓大保护、不搞大开发”树立标杆典范，为“绿水青山就是金山银山”提供生动案例。

二是必须始终坚持不忘初心，切实保持强大定力。必须坚持全面、辩证、长远的眼光看待经济社会发展与生态之间的关系，守好生态立岛初心，增强生态兴岛信心，把生态作为衡量各种经济社会活动的标尺及引领三岛发展的优势和力量。坚持底线约束、内涵发展、弹性适应，在经济社会发展的全领域、全过程实施全市最高的生态标准，促进绿色发展。坚持面向全球、面向未来，始终以生态文明建设排头兵的姿态和先行者的担当，坚持生态立岛不动摇，坚持一张蓝图干到底，让生态优先、绿色发展之路越走越宽广。

三是必须始终坚持对标一流，持续推动改革创新。必须时刻保持力争上游、追求卓越的使命感和责任感，充分发挥好在上海社会主义现代化国际化大都市背景下建设生态岛的巨大优势，自觉树立干事创业的高标杆，勇于对标国际最高标准、最好水平，对标周边地区先进经验，把握新消费、后疫情等发展趋势，抓住乡村振兴战略实施、长江生态大保护、长三角一体化发展、轨道交通崇明线和北沿江高铁建设等一系列重大历史机遇的交汇叠加，与时俱进研究世界级生态岛的阶段性功能定位和建设任务，坚持前瞻性思考、全局性谋划、战略性布局、整体性推进，以时不我待、只争朝夕的精神状态尽快补齐短板弱项、提升发展质效，努力探索体现上海水平的生态发展新路，争当“生态优先、绿色发展”的排头兵、先行者。

四是必须始终坚持开放融合，汇聚共建共享强大动能。建设世界级生态岛需要凝聚各方智慧、汇聚各方力量，必须注重调动各方的积极性、主动性，努力为各类创新创业主体搭建广阔的发展舞台，不断吸引各类世界级选手来崇创业发展。必须自觉把“人民城市人民建，人民城市为人民”重要理念贯彻落实到城乡发展的全过程、各方面，始终把为人民谋幸福、让生活更美好作为世界级生态岛建设的目标追求、价值追求。汇聚人民群众的智慧和力量，充分激发人民群众的主人翁意识，让人民群众真正成为世界级生态岛建设的积极参与者、最大受益者、最终评判者。

崇明坚守生态立岛不动摇不放松，坚定信心、保持定力，切实推进绿色发展示范。“十四五”期间，崇明将继续深入贯彻落实习近平新时代中国特色社会主义思想，在市委、市政府的坚强领导下，坚持生态优先、绿色发展深入实施“+ 生态”“生态 +”发展战略，加快建设生态美丽幸福、宜居宜业宜游、人与自然和谐共生的新崇明，打造成为社会主义现代化国际大都市建设的生态名片，成为长三角世界级城市群和长江经济带绿色发展的优秀典范，成为全国生态文明建设的重要标杆。

第三节　擦亮生态底色　打造全域旅游能级提升

崇明，是上海连接辐射长三角城市群的重要桥头堡，是宜居、宜业、宜游的现代化生态岛；崇明，是上海打造生态基底的战略空间，是上海“举全市之力、集世界智慧”来打造的世界级生态岛。十多年的生态岛建设，崇明已形成良好的自然生态环境和资源，但也面临一些瓶颈和挑战：一是自然生态不够稳固，特色和优势不够突出；二是与生态岛相配套的软硬件支撑体系尚需完善；三是体制机制需要加快理顺，人才、管理等软环境水平亟待提高；四是促进生态优势向发展优势转化的路径需加快探索，经济社会发展的内生动力和活力需要进一步增强。随着2016年崇明正式入选全国首批全域旅游示范区创建名单，2020年的成功创建，崇明在世界级生态岛建设总体目标引领下，以改革创新的方式，全面整合旅游资源，着力推进全区旅游业转型升级、提质增效，崇明全域生态旅游发展能级提升显著。

一、工作举措

（一）完善区域机制改革，强化统筹管理

一是成立上海市崇明区旅游发展工作领导小组。领导小组由区委书

记、区长担任双组长，分管区长任办公室主任，全区47个委办局、乡镇为成员单位，同步构建由“旅发领导小组、旅游法庭、旅游警务、旅游消费维权点、旅游司法服务站”构成的“1+4”旅游综合管理体系，并将全域旅游创建列为全区各乡镇重点考核指标。建立“东部、中部、南部、西部、长横文旅联盟”五大文旅联盟，条块联动，共抓全域旅游创建。

二是建立旅游重点区域、跨区跨部门等多层级的旅游工作机制。通过崇明东滩生态旅游资源管理委员会、崇明大森林板块旅游产业发展互信合作协调会议、西沙·明珠湖地区旅游发展领导小组等机制的建立，加强对全区及相关重点区域旅游发展的综合协调、产业促进、资源统筹、系统监管。

三是探索筹建新型综合监管体系。建立旅游法庭，区级层面出台《崇明人民法院旅游纠纷审判专项合议庭和巡回审判点工作制度》，年底前在区旅游公共服务中心南门站点设立旅游纠纷审判专项合议庭，重点景区试点设立旅游法庭巡回审判点。同时，筹备建立旅游警察和旅游消费维权点。

四是将旅游发展指标纳入政府科学发展综合考核范畴。在明确将旅游业定位为崇明经济社会发展战略性支柱产业的基础上，将全域旅游示范区创建工作纳入区委、区政府年度重点工作，并进行任务细分，每月进行督查；将“生态旅游业发展”指标纳入区委对乡镇党政机关领导班子的考核项目和记分权重。

（二）加强区域顶层设计，坚持规划引领

一是科学编制发展规划。总体规划方面，完成《崇明旅游总体发展规划》《崇明全域旅游发展规划》等编制；区域规划方面，开展《西沙明珠湖地区旅游发展规划》《横沙岛旅游发展规划》等编制；专项规划方面，启动《崇明旅游交通规划》《崇明水上旅游策划》等编制。初步形成了“总体规划引领，区域性规划跟进，专项性规划落实”的良好格局。

二是加强对旅游业发展的资金扶持和引导。充分发挥《关于进一步加快崇明旅游发展扶持奖励办法》的引领作用，鼓励旅游新产品开发和新技术应用，培育和引导旅游新业态发展，激发旅游企业改革创新积极性。积极争取生态岛建设三年行动计划项目资金、上海旅游发展专项资金、上海市服务业发展引导资金、上海市促进文化创意产业财政扶持资金等聚焦崇明旅游相关项目。

三是研究出台地方政策和行业标准。结合乡村旅游发展最新趋势，修订完成了《“崇明农家”管理办法》，解决乡村旅游企业经营办理消防许可困难等问题，打通乡村旅游点办证通道。制定出台《崇明生态民宿等级评定标准》，引导生态民宿向高端化、品质化方向发展，不断提高生态民宿发展水平。

四是发布一系列促进旅游发展的办法和意见。通过《崇明鼓励开心农场发展的指导性意见》《崇明区关于加强世界级生态岛建设人才发展的若干意见》和《崇明重大项目产业扶持意见》等政策的制订和颁布，

对“开心农场”、旅游人才、旅游重大项目给予扶持奖励。

（三）推动产业融合发展，加强多旅建设

一是加强农旅融合，推进“开心农场”“生态廊道”建设。按照“田宅路统筹，农林水联动，区域化推进”的发展思路，推进集体验、休闲、科普、度假等功能为一体的各具主题和特色的“开心农场”建设，“香朵”、“东禾九谷”相继建成并对游客开放。根据“一镇一树种、一镇一特色、一路一景观”的建设要求，打造如“樱花大道”“银杏大道”等特色景观道路，在全区范围内形成“春花秋色”的四季景观。

二是加强体旅融合，推进“生态绿道”建设。按照“一环五圈多点”总长约500公里的规划布局，有序推进生态绿道及补给站、休息点、标识系统等项目建设，充分利用生态环境和资源优势建设水上运动、路跑露营、自行车体验和规模化足球等基地，打造崇明休闲运动天堂。

三是加强水旅融合，推进“景观水系”建设。重点推进“三区三带”周边河道治理，做好水环境、水景观、水文化文章，在河道整治的同时，充分考虑景观性，使得河道水系成为崇明旅游重要的发展空间，打造生态水系景观，并启动环岛运河水上旅游项目的策划工作。

四是加强文旅融合，推进旅游产品文化内涵提升。充分整合非物质文化遗产资源，将农耕技艺和湿地文化运用现代科技手段进行体验和展示，推进民俗非遗的活化传承，打造旅游科普教育基地。结合地域历史文化、民俗风情和自然资源，发挥崇明本土文化与艺术影视传媒等的综

合效应，通过虚拟 VR 技术和特定表现手法，培育文创旅游新业态。

（四）提升多元创新意识，打造特色品牌

一是打造特色节庆活动。以“春之踏青赏花、夏之清凉避暑、秋之森林狂欢、冬之观鸟养生”为主线，通过举办自行车嘉年华、千人国际森林瑜伽旅游节、森林旅游节暨首届农趣休闲季等，形成“镇镇有节庆，月月有热点，周周有活动”的良好活动氛围。

二是打造智慧旅游平台。搭建“趣游崇明”“住崇明”等公共服务应用，构建“吃、住、游、购”四大交互栏目，将实现优惠、导航、支付、评价、抽奖、积分、展示，以及快捷筛选、路线规划、活动报名等服务功能，让崇明旅游资讯尽在掌握。

三是打造智能统计系统。整合各主要景区（点）视频监控系统、旅游信息短信平台、旅游网站、微信和电子显示屏等平台媒介，实时发布各景区（点）人流量情况、节庆活动信息和各类温馨提示，完成全区旅游资源普查，同时与银联开展合作，收集游客数量、消费信息等相关数据，进行大旅游数据分析和运用，提高旅游信息化服务水平。

四是打造营销品牌体系。举办崇明旅游创意产品设计大赛，包括旅游线路攻略、旅游 IP 形象、旅游宣传口号等征集活动，推出特色旅游纪念品，延伸设计“趣游崇明”系列旅游产品。

二、工作成效

旅游发展环境日益优化。生态资源转化为旅游资源态势喜人，2020 年成功创建成为国家全域旅游示范区。乡村振兴推动乡村面貌日新月

异，以生态旅游业为主导产业的发展共识已然形成，多旅融合体制机制逐步建立。初步形成东、中、西、南、长横五大板块的旅游发展格局，各区域核心特色资源得到进一步提炼、提升。

旅游综合服务配套水平显著提升。尤其是近两年，景区、度假酒店、民宿等“吃、住、行、游、购、娱”服务配套有了质的飞跃，实现倍增式发展。崇明A级景区增至20多家，民宿增至近千家，高品质的度假酒店增至60余家，床位增至4.3万张，团队餐位增至4.4万个。陈海公路、北沿公路、崇明大道、建设公路等交通主干道改建新建完成，岛内旅游交通条件大幅改善。

旅游市场明显活跃。2020年，崇明旅游接待总人次为760.7万，实现旅游直接收入16.1亿元，较2018年分别大幅增加19.68%和21.8%。上海及江浙地区对崇明旅游的标识度和认知度有了明显提升，特别是疫情常态化防控以来，崇明旅游逐渐成为上海乡村旅游度假的王牌。

三、经验总结

创建全域旅游示范区来，崇明在不断创新、尝试和探索的创建路上也总结了一些经验和体会。

统筹规划布局，构建全岛景观化。在崇明的全域旅游创建过程中，全面对标国家5A级旅游景区的标准，将崇明岛作为一个“大的5A级景区”来打造，积极开展全域“大花园、大公园、大乐园”建设。一是顶层设计，三岛联动。通过总体规划、区域规划和专项规划等一系列旅游规划编制，以“多规合一”为导向，合理谋划布局旅游发展方向和资源，形成三岛旅游产业发展“一张图”。二是城乡联动，一步一景。通过景区、城镇、乡村旅游资源联动，加快特色小镇、美丽乡村等旅游名镇名村打造，统筹生态景观廊道、环岛景观大道、生态景观水系等建设，提升城乡风貌，拓展旅游空间，打造“全景崇明”。三是融合发展，四季宜游。通过建设花村、花宅、花路、花溪、花田，推出观光科普游、非遗文化游、路跑健身游等多旅主题，让旅游在春花秋色中实现全年无淡季。

提炼生态特色，打造产品个性化。一是在旅游单品上，紧扣崇明生态特色，紧随上海发展需求，紧跟应季时尚热点，推出一系列极具崇明个性的旅游单品，如生态民宿、生态酒店、生态餐厅等，努力营造乡村田园气息和城市精致气质完美浸润的休闲空间。二是在旅游线路上，结合乡村文化、民俗文化和生态资源，全新推出乡村度假、亲子休闲、科普研学、生态体验等各类特色旅游线路，展示崇明生态旅游的特色和魅力。三是在旅游空间上，根据区域资源特点，形成主题鲜明、功能互补、链条完整的旅游特色空间，在一定的区域空间范围内，有效满足不同游客的个性化需求，让岛内外游客深度体验崇明韵味。

坚持以人为本，提供服务精准化。一是服务游客。把“游客为本、服务至诚”的理念落实到每一个细节，通过贯彻实施国家标准、行业标准，制定推广企业标准，做到服务有标准，有保障；通过加强行业交流，指导各旅游企业根据自身经营特色及目标客源市场，提供精准化服务。二是服务企业。将建立服务型政府落到实处，通过技能培训及人才引进等，帮助旅游企业缓解人才匮乏问题；通过部门联审、召开专题协调会等方式，为企业提供土地使用咨询、证照办理等服务，全力为广大涉旅企业提供优质、高效的政府服务。三是服务百姓。大力推进旅游富民、惠民，通过旅游发展，带动就业、创业，增加百姓收入，实现全域旅游成果共享；通过旅游咨询进社区、旅游咨询进镇村等方式，提升文明旅游的知晓度，提高旅游咨询服务的辐射面。

健全管理机制，促进民宿品质化。民宿作为建设生态岛发展过程中重要的一环，崇明依托优良的生态环境和浓厚的乡村底蕴，因地制宜发展民宿产业。一是优化政策体系。将民宿作为全域旅游发展和培育乡村旅游产业的重要板块，先后出台《"崇明农家"管理办法》《崇明生态民宿等级评定办法》《崇明生态民宿等级评定标准》和《关于促进花博会住宿及餐饮设施建设扶持办法》，修订《关于进一步加快崇明旅游业发展的扶持奖励办法》。二是建立综合监管机制。建立形成民宿市场的综合监管机制，依托各执法部门及其派出机构，切实加强对民宿食品卫生、治安安全、消防安全、公共场所卫生等重点监管。另外，崇明还成立了上海市首个区级民宿协会，充分发挥行业协会的自律作用，全面提升民宿管理的规范化水平。三是搭建公益平台。开发"住崇明"小程序的公益文旅智慧服务平台，具有商户展示、房源推荐、在线预定、在线支付等功能，可为市民游客提供住宿选择预定的一站式服务，现我区备案的900多家民宿基本已在该平台免费上线。四是加强教育培训。对民宿从业人员进行分层分类培训，采取集中办班与送教上门相结合、理论学习与实践操作相结合等方式，切实加强民宿从业人员在理论和实践方面的整体培训。

十多年的生态岛建设，崇明收获了良好的自然生态环境和资源。时任上海市委书记韩正曾指出，“上海的绿、上海的水、上海的风向，上海的自然脉搏，靠崇明三岛支撑。”“崇明是上海重要的生态屏障，是21世纪上海发展的战略空间。”崇明作为上海国际大都市的生态承载空间，对上海建设具有全球影响力的世界著名旅游城市，打造创新之城、人文之城、生态之城具有重要的意义。

习近平总书记强调：“长江经济带要共抓大保护、不搞大开发。”如今，崇明以大于上海五分之一的陆域面积，大力实施生态文明建设，开展以生态旅游为主题的全域旅游示范区创建，就是对国家战略的坚定拥护与踏实践行，崇明也将通过世界级生态岛建设、全域旅游示范区创建等，努力打造成为长江生态环境大保护的标杆和典范，以实际行动落实国家战略，促进长三角、长江流域的生态安全和可持续发展。

第四节　崇明率先创建碳中和示范区的典型经验

作为中国第三大岛，崇明在以绿色可持续发展为主要时代特征的21世纪面临着空前的发展机会。建设现代化的崇明生态岛不仅是国家的战略、上海的使命，更是崇明把握新一轮发展机遇、实现自身可持续发展的必由之路。2001年，国务院批准《上海市城市总体规划（1999—2020年）》，明确把崇明岛建设为生态岛。2005年10月出台的《崇明三岛总体规划》提出建设“现代化生态岛区”，2010 年 1 月发布的《崇明生态岛建设纲要（2010—2020）》，系统提出崇明生态岛建设总体战略，2016 年 12 月，上海市人民政府印发《崇明世界级生态岛发展“十三五”规划》，正式提出建设“世界级生态岛”发展目标。按照建设世界级生态岛的总体目标，坚持低碳的发展观是建设崇明世界级生态岛的重要支撑之一。二十年来，崇明坚持走低碳发展道路，推进低碳建设和生态环境保护，开展低碳农业、低碳居住示范建设，倡导低碳生活理念，全面探索经济、社会、环境的融合可持续发展。2011 年，崇明被列入上海第一批低碳发展实践区试点。

为了科学、有效地推进低碳发展转型，基于区域经济发展资源及能源“输入—转化—输出”过程机理，崇明创新性地提出了“需求管理为先、过程控制为重、源头与末端管理并举”的低碳发展指导思想：加强需求侧管理，抑制终端需求的不可持续增长；加强过程控制，努力提高能源及碳生产率；加强源头供给侧的能源清洁化和末端碳汇能力提升。围绕“控制碳需求、提高碳生产率、降低碳依赖、增加碳中和”这一主线，系统推进区域低碳发展。

一是控制碳需求。为了避免走传统粗放型发展老路，崇明自 21 世纪以来，在社会经济发展仍处于起步阶段，即启动了广泛而深入的崇明生态岛建设指标体系研究，基于联合国可持续发展指导框架，汇聚国际、国内专家真知灼见，集成专业机构研究成果和公众参与意见，形成了一套特定的崇明生态岛发展指标。以兼具先进性、科学性、操作性及统领性的目标引领崇明向可持续的世界级生态岛的发展方向迈进。2010年1月，上海市正式发布了《崇明生态岛建设纲要（2010—2020）》，提出要坚持“系统性的协调观、低碳型的发展观、全方位的合作观”，着力推进自然资源保护、循环经济和废弃物综合利用、能源利用和节能减排、环境污染治理和生态环境建设、生态型产业发展以及基础设施和公共服务工作。

为此，崇明全面优化宏观调控和资源配置：加强土地用途管制，抑制过量需求，实现土地资源可持续集约利用；加强自然湿地、林地、绿地的保护与建设；大力发展循环经济和废弃物综合利用；严把准入门槛，发展生态型产业，构筑现代服务业体系等。切实践行了在保护中发展、在发展中保护。纲要发布的同时，建立了生态岛建设的跟踪评估机制，推进“一年一小评，三年一大评”的工作，主动接受各方面的监督。通过部市合作、市区联动、政企协作、全民参与，生态岛建设深入人心；通过规划引领、动态反馈、滚动推进，生态岛建设机制持续优化。这一系列顶层设计从源头有效管控了碳需求，奠定了崇明生态引领、绿色发展、节约集约的主基调。

二是提升碳生产率。在崇明建设世界级生态岛发展目标引领下，在生态岛建设指标体系的指导下，上海市委市政府加大对崇明科技支撑力度，围绕自然生态、人居生态、产业生态，以科技支撑提升资源能源利用效率，推进可持续发展。2005年3月，《崇明生态岛建设科技支撑实施方案》正式推出，在政府和市民的合作安排下，成立了“崇明生态岛建设科技咨询专家委员会”，为生态岛发展的科技支撑建言献策。2005年12月，“崇明生态岛科技促进中心”成立，构建了生态建设科技工作领导机制和协调机制，形成“村—镇—岛”三级发展模式，科技支撑工作成为崇明岛发展的重要部分。2006年3月，《上海中长期科技发展规划纲要（2006—2020年）》颁布，将“崇明生态岛建设重大科技示范工程”列为重大专项，奠定了崇明岛生态文明建设的科技基础。2010年3月，科技部批准崇明为国家可持续发展实验区，进一步打造“生态技术的初步实践区”“生态产业的培育区”和“生态文明的示范区”。

在科技引领示范的强力支撑下，崇明“十一五”以来在节能降耗工作上取得了显著成效。以工业节能为重点，以低碳建筑和交通节能为特色，在严控增量的同时，逐步削减存量；加强工业领域淘汰落后产能、重点用能企业节能技改，提高企业环保低碳准入门槛，严控增量，并逐步削减存量。重点打造低碳农业、低碳旅游业等具有崇明特色的产业体系，全面推进岛内及全区经济增长方式优化和产业结构升级，为实现区域低碳发展提供根本保障。以陈家镇国际低碳社区建设为依托，探索建立符合崇明地理及自然条件，充分利用崇明环境及资源综合优势的建筑节能技术体系；通过打造并推广崇明本岛零碳排放公交体系、低碳建筑技术集成体系、以秸秆及畜禽粪便高效利用为代表的资源循环利用体系等，全方位提升岛内及全区的能源利用效率及碳生产率。

三是减少碳依赖。优化配置及就近、梯级、高效利用清洁能源和可再生能源，有效降低能源开发、利用及输配全过程的综合温室气体排放。自2012年以来，逐步关闭燃煤发电机组，岛内能源结构得到持续优化，推进崇明申能燃气电厂的建设，积极推进清洁能源替代；依托国家绿色能源示范县创建，大力推进岛内及全区的可再生能源利用，特别是加强建筑一体化太阳能等可再生能源的高效利用和全面推广，并充分发挥崇明地理优势，全面扩建北堡风电场和北沿风电场；同时，通过农业废弃物综合利用，将可再生能源利用与生态农业发展相结合，探索形成了“猪粪污—沼—肥”的闭路生态平衡系统，创建了“四位一体”农村能源生态新模式。目前，崇明基本形成风能、地热能、太阳能、生物质能多种可再生能源互补结合的绿色能源供应体系，可再生能源使用占全区全社会用电总量的比例达到24%，积极探索加强了符合上海及崇明实际、且兼具成本效益的低碳能源基底保障。

四是增加碳中和。充分突出崇明生态岛特色，在积极控制岛内温室气体排放的同时，以东滩高碳汇自然生态系统示范区建设为抓手，大力提升岛内森林、湿地等生态系统的碳汇能力；依托陈家镇、崇明新城、长兴等地区大型公共绿地和公园，青草沙水库生态涵养林，以及东滩高碳汇自然生态系统示范区建设等为抓手，大力提升岛内及全区森林、湿地等生态系统的碳汇能力。全区森林覆盖率达到30.05%，提供了全市森林资源的30%，自然湿地保有量达到24.8万公顷，森林碳汇和湿地碳汇总量可抵消全区温室气体排放总量的比例30%左右。

至2020年，崇明已初步构建世界级生态岛建设框架，打造出了一座环境优美、经济发达、文化繁荣、社会保障健全、社会统筹的海上花园。自2005年以来，全区GDP总量翻了两番，“十三五”期间，区级地方一般公共预算收入更实现了五年翻番，农村居民人均可支配收入年均增长率超过9%。崇明以上海近五分之一的陆域面积，承载着全市约四分之一的森林、三分之一的基本农田、两大核心水源地，占全球种群数量1%以上的水鸟物种数达到14种；生活垃圾分类处置、农林废弃物资源化利用、新能源公交车实现全覆盖；高质量举办第十届中国花卉博览会，为世界级生态岛注入澎湃动力。生态产业蓬勃发展，实施农业全球招商，打响崇明大米、清水蟹等农产品区域公共品牌；积极建设国家海洋经济发展示范区，引进中船七〇四所等高科技研发类企业，推动传统产业园区向多功能、生态型科技园区转型；建成一批高品质“开心农场”和精品民宿，成功创建国家全域旅游示范区，体育、健康等产业渐渐兴起。积极推进农民相对集中居住，实施美丽家园、绿色田园、幸福乐园“三园”工程；推进政务服务“一网通办”和城市运行“一网统管”，城市运行效率和服务能力持续增强。成功创建全国文明城区、全国双拥模范城、全国卫生城区。2020年，全区实现劣V类水体100%消除，地表水环境功能区达标率达100%，环境空气质量优良率达91.5%，成为上海市空气质量最好的地区之一。

在社会经济健康稳定发展的同时，经初步摸排，崇明区能源活动碳排放量和全口径温室气体排放量均在“十一五”期间呈现出达到阶段性峰值后稳步下降的良好态势，经济增长基本实现了与能源消费和碳排放的脱钩，绿色低碳发展转型取得显著成效。未来向碳中和目标迈进，需要重点攻克区域可再生能源发展空间有限、碳中和关键技术储备和成熟度相对不足，以及管理机制和公众意识仍有欠缺等难题，需要以降碳为重点战略方向，切实推动经济社会发展全面绿色转型，力争早日建成符合世界级生态岛定位的碳中和示范区，探索走出一条兼顾社会经济快速发展和温室气体有效控制的高质量发展之路，为上海、长三角、长江流域乃至全国，提供碳中和崇明案例。

案例 1：创全国首个“双中和”园区

2021 年，上海崇明“第十届中国花卉博览会”园区获得由上海市环境能源交易所颁发的“碳中和示范园区”证书，由此成为中国首个碳中和园区。在全国倡导“双碳”的背景下，花博文化园率先走出的一小步正推动着崇明及整个上海在生态之路上迈进一大步。

从 2018 年花博园筹划建设开始，“生态”“低碳”便成为园区设计团队的工作重点。崇明林地资源丰富，能产生巨大的碳汇量，这是得天独厚的优势。花博园主会场地址本身依傍东平国家森林公园，设计团队便借势通过“花博会苗木三维信息化管理系统”技术赋能，将 7 万多株乔木“应种尽种”，这些树将通过 20 年的时间来抵消花博园区在建设过程中所产生的 15.3 万多吨的碳排放量。这片特色自建中和林挑起了园区的“减碳”重担，并将永久保留。花博园也因此成为全中国为数不多拥有自建中和林的活动园区。

根据 2019 年 5 月 29 日国家生态环境部发布的公告，要规范大型活动碳中和实施，鼓励大型活动组织者通过各种方式抵消活动的温室气体排放量。花博会主办方从吉林前郭王府站风电场 49.5 兆瓦风电项目中，一次性购买国家自愿减排量指标，用于全面抵消大型活动产生的温室气体。

花博园购买了 1.3 万吨 CCER 的碳配额，一次性消纳了展区 43 天的碳排放量，这部分碳排放量包括所有的观众、志愿者、场馆运行中产生的碳排放量，自建中和林自己中和，还有外购碳排放配额进行中和，这样的“双中和”在全国是第一个。

此外，花博园还利用可再生能源降低温室气体排放。复兴大道上的观花长椅，由 500 多万个牛奶盒回收材料制成；复兴馆“折纸屋顶”融入了太阳能光伏发电组件、采光天窗一体化设计，每年可减少碳排放量 100 吨。

依托这些措施，花博会已全面抵消因新建主展区、花博会展期运行产生的建材碳、建造碳、运行碳共计 16.5 万吨，是中国第一个真正实现涵盖筹备、建设、举行、收尾 4 个阶段的全生命期碳中和的大型活动园区，为推进崇明区碳中和示范区建设提供花博样本。

“十四五”以来，上海提出 2025 年前碳达峰目标。上海崇明通过花博样本、企业更新、科研跟进，在国家生态大局上落下自己的一枚棋子，用实际行动给其他地区示范了可供复制的经验。

在实现“碳达峰”“碳中和”目标的过程中，低碳经济正将绿色生态播撒至中国的各个角落。成片的碳中和林正在中国西北、东北三省广袤的土地上茁壮生长，而碳交易市场的形成也给当地经济发展注入了新的活力。“碳汇”科研不仅保护了现有的湿地、林地，还在试图逐步修复已经退化的自然区域。荒山变青山，生态还复来，绿色经济循环的不止有洁净的空气，还有生生不息的人类命运共同体。

案例 2：花博会展现“硬核”绿色生态

2021 年花博会召开，上海市崇明区花博园正式开放。基于各种环保理念和绿色建筑技术，花博园获颁国际 SITES 绿色可持续场地金级认证证书。以 259.51 公顷的认证面积，成为全球最大面积的 SITES 认证项目。

复兴馆、世纪馆和竹藤馆作为永久性建筑，均按绿色建筑标准设计。其中，竹藤馆达到二星级绿色建筑标准，复兴馆和世纪馆达到三星级绿色建筑标准，已正式获得绿色建筑设计标识。

花栖堂虽然是临时场馆，但一点也不差。一桌一椅采用可回收循环材料的木材、玉米秸秆、麦秸秆制作而成；餐具采用天然材料制成的可回收降解植物纤维餐具，如纸制品、秸秆、淀粉等；钢结构、轻钢龙骨和玻璃可再利用；屋顶天设计则充分利用自然采光，最大化地节约资源。

光明花博会资源循环利用中心设立在园区周边，对园区及花博小镇范围内厨余废弃物、绿化修剪物、畜禽排放物等进行处理，通过科学、高效、低成本的利用，研究有机废弃物循环处理模式，将垃圾变为有机肥料。这些就地肥料不但可以再利用，还可供游客购买。

花博园的可持续建设体现在五个方面。一是水资源综合利用。通过修复花博园区内已退化的水生态系统，提升水质标准，水体透明度，实现对雨水渗透、过滤及管理等功能。同时，通过全场地雨水收集，合理利用雨水进行绿化灌溉，实现室外景观灌溉节水率达到50%。二是保留并恢复园区生态系统功能。建设过程中尽可能地保留场地上现有植被，通过新种大量的崇明本地物种，提高场地内生物丰度和生物量密度，保证生物多样性，构建稳定的生态系统。三是减少热岛效应。运用屋顶绿化、乔木遮阴、建筑物自遮阴等策略，合理采用浅色铺装、渗透铺装、铺设太阳能光伏板等有助于降低热岛效应的措施，改善园区内的微气候环境。四是废弃物的循环利用。园区产生的园林绿化垃圾进行资源化处理并回收，投资建造光明沃土工程，成立“可持续资源中心”，建设过程中大量使用含有回收物质的材料及可再循环的材料。五是采用可持续的运营策略。园区提供新能源公交车辆，实现园内绿色交通比例100%，鼓励绿色游园。运营期间采用高效节能的运营维护设备，降低场地年能耗，并制定PHC（植物健康护理计划），控制并减少使用杀虫剂、除草剂等危害环境和人类健康的化学品。

案例3：优化能源结构，推进渔光互补、农光互补示范项目

崇明正全力打造具有世界影响力的生态优先、绿色发展的碳中和示范区。《崇明世界级生态岛碳中和示范区建设工作方案》已制定形成，明确了示范范围、主要目标等具体内容，2021年底前将完成“1+3”行动方案编制。

根据工作方案，示范范围为崇明全区。围绕崇明三岛（崇明岛、长兴岛、横沙岛）开展全区域、全口径温室气体排放核算与评估，提出远期碳中和愿景的实现路径和行动措施。主要目标是：把崇明岛建设成为碳中和岛，全力推进能源、交通、建筑低碳化发展；把长兴岛建设成为低碳岛，侧重海洋装备等重点产业，积极谋划长兴碳中和产业园建设；把横沙岛建设成为零碳岛，逐步以零碳能源替代高碳、低碳能源。

研究体系概括为“1+5+1”：“1”是以崇明区温室气体排放现状及发展预测，侧重全面、系统排摸崇明三岛全口径温室气体排放现状，并结合中长期发展规划，对三岛未来社会经济发展及能源消费、温室气体排放开展情景分析；“5”是能源、交通、建筑、农业及生态碳汇等5个专项领域碳中和实施路径研究，侧重崇明区适用碳减排技术路径的对比分析和社会经济影响评估；“1”是长兴岛碳达峰碳中和战略导向推进路径研究，侧重海洋装备等重点产业和重点企业碳减排潜力和技术路径研究。开展崇明三岛全口径温室气体排放现状及预测研究，以及各专项领域碳中和示范区建设行动方案研究。

在进度上，完成《崇明世界级生态岛碳中和示范区建设初步思路研究》；完成“1+3”行动方案编制，即《崇明世界级生态岛碳中和示范区建设行动方案》和崇明、长兴、横沙三岛区域行动方案，制定碳达峰碳中和实施路径与举措，确定重点任务和工程措施。力争到2035年，地表水水环境功能区达标率、城乡污水处理率、生活垃圾无害化处理率均达到100%，森林覆盖率达到35%，自然湿地保有率达到43%，骨干绿道长度不低于360公里，人均公园绿地面积不低于15平方米。进一步增强绿地、湖泊、湿地等自然生态系统固碳能力。

崇明区陈家镇“渔光互补·宝岛渔村”综合产业项目位于镇区北部裕安养殖场，占地面积3390.6亩，总投资9.7亿元，项目作为“十三五”上海市新能源发电占比达到国家要求的标志性工程，是全市最大的渔光互补示范工程，也是优化能源结构，实现“碳达峰、碳中和”目标的一次重要实践。

崇明地处北亚热带，年均日照时间超过2600个小时，是发展光伏发电的理想之地。为了响应国家“双碳”目标，通过利用原有鱼塘资源，在上方建设光伏发电，下方水域进行渔业养殖，构建“渔光互补”能源经济系统，打造集科普教育、观光旅游、休闲渔业一体的综合产业园，也为崇明“世界级生态岛”建设提供源源不断的“绿色电能”。

“渔光互补·宝岛渔村”综合产业项目第一阶段110 MW光伏系统于2020年11月29日建成并网发电，年平均发电量1.12亿度，可节约标准煤3.67万吨，减排二氧化碳9.9万吨、二氧化硫30.7吨、氮氧化物29.5吨、碳粉尘7.1吨。光伏组件对阳光的遮挡，将大幅抑制藻类生长，有利于水污染防治；减少水体蒸发，实现水资源节约。项目进一步优化崇明能源结构，有效解决地区电力负荷增值需求。有效盘活裕安淡水养殖场存量集体资产，扩大农村富余劳动力就业。

“渔光互补·宝岛渔村”综合产业项目第二阶段已完成鱼塘沉淀、一二级过滤、植物净化、微循环等生态功能建设；启动数字化提升，实现养殖过程、产品品质、水质监测等数据全动态管理；通过电能反补调节水温，实现刀鱼、鲥鱼、河豚鱼等高端水产养殖。

“渔光互补·宝岛渔村”综合产业项目第三阶段将启动主题科普馆、观光体验等项目建设，全面打造现代综合产业示范园。

“渔光互补·宝岛渔村”综合产业项目是崇明推进乡村振兴建设，践行绿色生态发展理念的重要实践，也是上海节能减排、助力碳中和的典型案例，更为国家实现“碳达峰、碳中和”目标作出崇明贡献。

第五节　推动世界级生态岛乡村振兴

习近平总书记在2020年中央农村工作会议上强调，“民族要复兴、乡村必振兴”。在全面打赢脱贫攻坚战的当下，乡村振兴成为新时代新的历史性任务。乡村振兴示范村建设成为规划引领、示范带动乡村振兴的助推器。崇明区自2018年启动乡村振兴示范村建设，成功创建9个市级、34个区级乡村振兴示范村，带动乡村面貌实现大幅提升。农业高质高效方面，崇明农业绿色发展指数达90.01，蝉联全国第一，连续三年入选全国农业绿色发展十大范例；分别入选第一批农业现代化示范区、2021年国家现代农业产业园和全国农业科技现代化先行县，第十届中国花博会园区成为全国首个碳中和园区；7家水产合作社获评2021年全国河蟹大赛“金蟹奖”，其中2家获评“最佳种质奖”；上海老杜农业发展股份有限公司认定为农业产业化国家重点龙头企业。乡村宜居宜业方面，新河镇井亭村、绿华镇获评全国乡村旅游重点村、镇；醉美花海观光线路和长横工业生态精品旅游线路入选2021上海美丽乡村休闲旅游行（春夏季）线路，“花开中国梦·生态崇明之旅”入选2021中国美丽乡村休闲旅游行（春季）精品线路；崇明休闲体育大会升级为国家级赛事“体育六艺”系列活动，新河镇入选首批101个全国县域足球典型。农民富裕富足方面，建设镇虹桥村、横沙乡分别获评全国乡村治理示范村、镇，竖新镇仙桥村获评第八批全国民主法治示范村，堡镇人民村获评2021年全国示范性老年友好型社区；累计建成1个全国农村幸福社区建设示范单位，22个市级农村社区建设试点示范村，3个全国文明镇，9个全国文明村。

一、三星镇：以“一棵草”托起“致富梦”　用“小产业”书写“大文章”

三星镇地处崇明岛西部，总面积68.17平方公里，下辖22个村居，常住人口近3万人，是崇明区典型的农村地区。长期以来，全镇人口空心化严重，产业结构单一，群众增收较为乏力。近年来，三星镇牢牢抓住实施乡村振兴战略的战略机遇，不断厚植生态优势，不断提升发展品质，不断破解发展难题，不断增进百姓福祉，加快打造“海棠小镇、苦草之乡、智慧三星”，努力实现乡村振兴跨越式发展。

（一）推动生态产业融合发展前困顿的三星镇

1. 经济基础较为薄弱

就村民个人而言，2020年全镇人均可支配收入约3万元，与上海周边地区相比差距较大，同时村民收入主要以间歇性岛内外零散务工及在家务农为主，普遍其他创业增收渠道。就镇级财力而言，2020年财政收入总量仅为3.5亿元且高度依赖招商引资，对标崇明世界级生态岛建设目标，难以满足日益增长的各项民生建设和社会保障需求，急需拓宽财政收入渠道。

2. 经济基础薄弱的症结性问题

自然资源禀赋开发不足。尽管三星镇河网纵横交错，土地较为肥沃，但长久以来，全镇农业产业呈现“小而不强、散而不聚、粗而不精”的特点，现代绿色农业发展迟缓，特色性农产品多为自产自用，常规化、低附加值农业的产出效应难以满足群众日益增长的脱贫增收需求。对接市场资源活力不足。不少农业合作社对接市场的意识不强，缺少有效的市场销售渠道，特色农产品尚未形成品牌或特色，产品价值在市场上竞争力不足，缺乏融入市场的机制与路径。农业产业发展后劲不足。全镇青壮年大多去市区谋求工作，加剧了人口老龄化、空心化，削弱了内生发展动力；民营资本视村为投资的沙漠，合作社及农业经营主体数量少，能够带动村民共同发展的则更少。

（二）积极推动生态产业融合发展中奋进的三星镇

1. 加强统筹规划，找准苦草产业定位

为推动传统农业升级转型，促进群众致富增收，镇党委经过深度调研，立足崇明世界级生态岛建设标准，找准在崇明地区普遍生长的苦草为突破点，坚持政府搭台、企业运作、群众参与的运作模式，努力变草成宝，让崇明苦草变成崇明金草。同时，着眼于苦草药用价值丰富、产业链条绵长、文化内涵深厚的特点，努力开发苦草“经济＋社会＋文化”价值，让群众劳动有收入、就业有岗位、学习有继续成效，助力三星乡村产业振兴。

2. 积极引入资本，推进苦草产业落地

镇党委充分利用三星镇土地资源丰富的优势，以新安村为试点，专门成立了村集体资本持股20%、民营资本持股80%的混合所有制公司——玉海棠，同时，依托玉海棠公司的雄厚资本，在大平村成立了集苦草种植、科研、收购、生产和销售于一体的上海苦草科技有限公司，正式打响了以苦草推动生态产业融合发展的发令枪。

3. 依托科技赋能，打造苦草衍生产品

经过崇明人民多年的生活实践，证明苦草具有暖宫、温经、驱蚊和排毒养颜和的功效。在三星镇党委的支持、鼓励和指导下，苦草公司主动对接高校、研究所等科研机构，积极引进具备高水平研发能力的人才，同时，联合上海中医药大学、中科院上海药物研究所，对苦草的成分进行了全面研究和针对性分析，经过锲而不舍地研发，最终形成以农产品、食品、护肤品、日化品为主的四大苦草系列产品，并以此不断延伸苦草产业链、扩大产业规模、创造就业岗位，为群众提供劳动收入。

4. 吸引群众参与，扩大苦草种植面积

过去在三星，苦草不用专门种植，春天一到，苦草便在四邻八舍的宅前屋后随风摇曳，秋季枯黄时便被群众收割并风干备用。现在，三星镇党委将本地非遗特产苦草纳入重点发展项目，鼓励群众利用闲散土地大面积参与种植以增加收入。目前全镇苦草种植已累计达5600亩，“一棵草”正在乡村振兴中一线中贡献着巨大的能量。

（三）推动生态产业融合发展让三星镇“大变样”

1. 坚持人民参与，以苦草收益惠及人民群众

经过三星镇党委的不懈努力和坚持奋斗，三星苦草产业已初步形成集种植、收购、研发、生产和销售于一体的全生态产业链，苦草成为群众身边的“致富草”。在苦草产业前端，以稳定苦草收购价激发群众种植热情，不断扩大苦草种植规模，群众每亩种植可获利4500元，远超传统农业种植亩产效应，是土地流转租金收入的近3倍。2021年玉海棠公司与全镇农户签订苦草种植订单2000亩，每亩产量400～500斤，预计在种植端将带动群众增收1000万元。在苦草产业中端，成功研发苦草功能性饮料和美食保健品，已完成产品研发，正全力以赴做好产品市场准入前地理标志产品和知识产权保护、食品检验检疫、商品生产销售许可办理等基础性工作。在苦草产业末端，与阿里巴巴盒马生鲜、天猫旗舰对接洽谈合作事宜，利用先进平台和销售模式提前谋划、抢先布局，为新产品快速抢占市场份额打好基础。

2. 坚持前沿布局，以苦草产业驱动经济发展

三星镇党委积极拓宽苦草产业链，打造苦草产业园，不断挖掘苦草收购转运、加工处理、产品研发、终端销售、生态康养等方面的就业潜力，在未来三年内预计将为当地农户直接增收5000万元以上，同时，解决210个就业岗位，并带动277家种植苦草农户实现“二次就业”，让田间地头、仓储运输、加工车间、销售店面、苦草养生体验馆到处都能看到三星人民辛勤劳动的身影，不断增强人民群众幸福感和获得感。

3. 坚持产学融合，以苦草内涵传承文化教育

苦草不但能带来经济价值，同时也蕴含着深厚的文化价值。为进一步深挖苦草资源，唱响苦草文化品牌，三星镇党委在本镇新安村这一上海市乡村振兴示范村的苦草种植基地专门成立了崇明区东门中学校外实践基地，立足将劳动教育与苦草产业相结合，为孩子们带来生动的实践教育。未来苦草种植基地还将不断优化各类硬件，推出更加丰富多彩的活动，让三星成为学生们走进自然、体验自然的首选课堂。同时，三星镇党委坚持以文化人、以文育人，鼓励群众性文艺团队自主编排民俗舞蹈《苦草茶》、古筝与朗诵《苦草赋》，推出“苦尽甘来——制作苦草糕”“重走长征路”等特色文艺项目，进一步推动全镇文化文艺事业大发展大繁荣。

小小的苦草默默陪伴崇明人民走过了几百年的风雨历程，见证了崇明沧海桑田的变迁。在数百年后的今天，苦草在三星镇迸发出更为强大的能量，为推动传统农业升级转型注入了新的活力，让人民群众从“苦”中尝到“甜”。未来，三星镇党委还将进一步做大做强做大苦草产业，坚持以苦草推动生态产业融合发展，坚持以苦草产业全面助力乡村振兴，努力让苦草成为人民群众身边名副其实的“致富草”。

二、庙镇：以花为媒，打造后花博时代有颜有质有品的市级乡村振兴示范村

庙镇永乐村庙镇永乐村于2020年9月成功创建上海市级乡村振兴示范村，形成以花卉产业带动乡村环境美起来、产业强起来、农民富起

来的乡村振兴模式。

（一）永乐村市级乡村振兴示范村创建的主要做法

永乐村的乡村振兴示范村主要依托两大企业的力量，围绕“富之花”和“靓之花”做文章，以美在生态、富在产业、根在文化为建设主线，走出了自己的乡村振兴之路。

1. 全力筑巢引凤，以知名龙头企业让乡村发展活起来

一是引进上海药材公司，不断增强西红花产业优势。改革开放后，永乐村与上药集团下属上海药材公司结对，于1980年从上海药材公司引进西红花试种。在上海药材公司的带领下，永乐村村民打破传统的以玄胡、黄芪、丹参等为主的中药材种植结构，发展经济效益更高的西红花种植产业，优化了农村种植结构，逐步带村民走上了致富路。二是依托东方国际集团上海花卉发展有限公司，不断促进一、二、三产融合发展。永乐村于2019年引进东方国际花卉公司，带来了乡村振兴的新气象。东方国际花卉公司坚持花卉产业导入，以打通花卉一、二、三产业为重点，以“五洲四季花海”“东方G20花岛宿集”等项目为抓手，让各类特色花卉在永乐村绽放；汲取G20国家亚洲六国文化元素，以花为媒将各具特色的乡村小院子镶嵌入一望无际的花海之中，每幢庭院民宿的命名，都源于亚洲国家的国花，为促进休闲农业和乡村旅游创新发展发挥了积极作用。

2. 打造拳头产品，以特色花卉产业让乡村经济强起来

一是做大做强西红花产业链。在上海药材公司的引领下，永乐村先

后成立了 5 个西红花专业合作社，带动全村 500 余户农户种植，面积达到 700 余亩，年产值达 2500 余万元，“龙头企业 + 合作社 + 农户”的种植模式固定下来。同时，着眼推动产业链延伸，先后开发出西红花面膜、西红花香米、西红花老白酒等衍生产品。在上海中医药大学的支持下，积极探索研发利用西红花花瓣制作精油、浸膏等医疗保健产品，着力提升西红花产业附加值。二是全力打造“东方花岛宿集”。永乐村将西红花延伸到主题民宿中，与东方国际集团联合打造“东方花岛宿集”，通过建设花海和民宿，打造集产业博物馆、文创娱乐、美食文化于一体的花卉新优产品展示基地，实现与乡村振兴示范村的融合发展。至 2021 年，已完成首批 9 幢民宿装修及运营工作。自 2021 年 7 月 10 日民宿试运行以来，共接待了 723 人次住宿。同时，村集体通过基础设施和配套资源等资产作价入股方式，每年获取固定比例收益回报，确保村集体经济不断增长壮大。

3. 深化花旅融合，以优质花卉项目让乡村品牌火起来

一是深挖花卉文化内涵，增强认同。永乐村坚持文化润村，大力传承弘扬西红花文化，开展西红花文化旅游节、中医药康养故事会等系列文化活动，建成集参观体验、中药科普、产品销售于一体的沪产药材博览园，普及西红花科学知识，追溯西红花历史渊源，展现西红花的康养理念和诗意气息。自 2020 年建成开放以来，博览园已接待参观人员 1.2 万余人次。二是开发特色花卉旅游项目，积聚人气。永乐村紧抓花博会举办契机，充分发挥后花博时代花卉产业溢出效应，依托东方国际花卉

打造“一村一洲一平方公里”主题特色的“五洲四季花海”，成功举办“首届金秋郁金香花园节”“第二届金秋郁金香花园节—骑士文化生活”等主题活动，结合“东方G20花岛宿集”运营，举办业余机车表演赛、团队建设、亲子活动等。通过乡间野趣、艺文作坊、东方花馔等项目，让人们在花海中享受生活、享受艺术。

4. 引导农户参与，以多领域改善让村民生活美起来

一是不断拓宽增收途径。永乐村引导村民积极参与两大企业实施的项目，通过房屋土地租金、务工薪金等实现增收。东方国际花卉租赁村民闲置房屋改造成民宿，每幢房屋的租金一般在3万元左右。项目建设管理过程中优先吸纳本地富余劳动力，让村民实现“家门口”就业。上海药材公司同永乐村1/3左右的西红花种植户签订定向收购协议，解决销售的后顾之忧。村民自主种植西红花亩产收益达到3万元左右。二是持续提升人居环境。永乐村依托东方国际花卉的加持，动员村民通过土地流转、宅前屋后整治、“小三园”建设等方式打造优美人居环境，在民居周边建设百亩田园花海。同时，争取村民支持，完成永新路2.2公里主干道“白改黑”和“通信光缆入地”工程，打通13条断头河，引导村民建设“小三园”，乡村颜值大幅提升。

（二）永乐村市级乡村振兴示范村创建的经验启示

1. 依托龙头企业，达成战略合作，是乡村振兴的有力支撑

乡村振兴不是单靠政府的一己之力就能完成的，必须吸纳社会资本的加入，引进大型优质企业的加盟，才能不断增强乡村振兴的合力。政

府部门应加大产业注入力度，通过招商平台，引入大型企业、优质社会资本共同参与、推动示范村建设。一要用好大企业的优势资源。大企业在专业人员、生产技术、管理经验等方面具有独特的优势，通过政府部门的搭台和支持，能最大限度地发挥既有优势，为乡村振兴建设加码助力。比如，庙镇永乐村依托东方国际集团，建设镇虹桥村依托上海阿斯米尔园艺有限公司，为市级乡村振兴示范村建设项目实施提供了有力支撑。二要融合大企业的先进理念。大企业在生产、运营方面的理念新、市场敏锐度高，将他们的理念与乡村振兴示范村的建设目标紧密结合，能让示范村的建设更具特色和竞争力。如永乐村依托东方国际花卉致力于打造“东方国际花岛”，推进“东方花岛宿集”规模化发展，建设各类花卉主题园，实现生产园区、生活社区、生态景区三区融合，形成集花卉产业、文旅产业等产业互联，涵盖文创、休闲民宿、田园观光、花海娱乐、美食康养体验、会展与商贸交易等多种业态于一体的花卉产业综合性示范园。

2. 选准优势品种，打造优质产业，是乡村振兴的关键所在

乡村振兴，产业兴旺是重点。一要找准发展定位。乡村振兴示范村建设要立足村域实际，调研群众意愿，明确建设目标，加强统筹规划和顶层设计，画出示范村建设的“作战图”，才能建设有方向、行动有指挥。庙镇永乐村在示范村建设之初就基于本村 40 多年西红花种植的历史和经验，明确了“打造中国的‘西红花之乡’，助推庙镇‘中医药康养小镇’建设”的发展定位，在创建过程中以此为中心，延伸产业链，将西红花种成了农民的“致富花”。二要突出产业特色。产业有特色才有生命力。比如，庙镇永乐村成功打造以西红花为特色产业的“特色农业型”乡村振兴示范村，建设镇虹桥村聚力打造“民宿+花卉”两大支柱产业。要因地制宜精准发展特色产业，逐步将“大水漫灌”的思想转向“精准滴灌”上来，将资源使用从“多头分散”转向“统筹集中”上来，让特色产业成为核心产业，不断提升乡村振兴的“造血”功能。三要实施品牌战略。乡村振兴示范村建设要积极树立品牌意识，进一步加大品牌培育和市场开发力度。庙镇永乐村通过成立上海花红永乐公司打造“花红永乐”主打品牌，定向收购农户自主种植的西红花，推出“花红永乐”牌西红花，运营一年来，已经实现盈利 50 万元左右。相关部门应鼓励龙头企业、农民专业合作社申请注册地理标志证明商标，打造乡村振兴区域品牌，并探索构建“政府+新媒体”联动的品牌推广体系，严选推广平台，优选“推广大使”，不断擦亮金字招牌。

3. 挖掘花卉内涵，促进融合发展，是乡村振兴的大势所趋

乡村振兴不是一条路直线到底，而要多线融合，相辅相承，才能开出乡村振兴的“满树繁花”。一要将花卉文化与本土文化融合。花卉有的具有观赏价值，蕴含着美学文化；有的具有药用价值，孕育着康养文化；有的在文人墨客笔下熠熠生辉，饱含人文气息。要通过资料查证、专家咨询、现实衍生等途径深入挖掘花卉的文化内涵，找到与崇德明礼、敢为人先、垦拓不息的崇明精神品格的契合点，与乡村本土传统文

化的结合点，通过开展花卉文化节、家庭文化节、传统节日文化节等方式，让村民更多地接受文化熏陶，提升文化认同感。二要将花卉优势与乡村旅游融合。要加强花旅融合的规划设计，全面排摸花卉、文化和乡村旅游资源，进行统一规划，做好产业布局，将花卉旅游与花卉产品深加工、科普、民俗、游客参与等相融合，积极打造以花为主题的花旅融合研学游、花间户外徒步游、花卉产品深度体验游等旅游线路，推动乡村旅游向内容化、品质化、品牌化发展。实施“一村一品”战略，根据市场调节和游客需求，打造村域花旅特色品牌，注重串点成线，连线成片，形成品牌效应和集聚效应。

4. 坚守为民情怀，注重共建共享，是乡村振兴的不竭动力

乡村振兴，要始终坚持为民靠民的原则，以人民支持为重要力量，以群众的所需所求所盼为着力点，不断提升群众参与感、获得感和幸福感。一要让群众动起来。在乡村振兴示范村建设的全过程，都要充分尊重群众意愿。在方案设计中，通过深入调查研究、召开座谈会等形式征求群众的意见建议，在重点区域确定、建设内容设定等方面吸取群众的有益意见。在项目建设过程中，挑选党员、村民骨干参与工程进度和质量监督。在项目建成后，激发群众的主人翁意识，组建自治团队，自觉维护乡村振兴的建设成果。二要让农民“钱袋子”鼓起来。乡村振兴只有让群众真正得到实惠，才能行稳致远。收入增加、生活向好就是他们的心之所往。依托乡村振兴项目拓宽农民增收平台，通过引导农民种植有经济价值的花卉，发展庭院经济；通过鼓励农民就近就地转移就业，

提高农民工资性收入；通过项目的土地、房屋租赁发展租赁经济；通过探索农民富余资金入股企业或民宿运营，推动资金变股金、农民变股东，增加农民财产性收入。

后　记

本研究成果是在深入学习领会习近平总书记关于人民城市重要理念和党的二十大精神的基础上形成的集体研究的成果。由李琪提出总体思路和写作提纲，李琪、汪仲启负责统稿工作；理论阐释篇（第一、二、三章）：李琪、汪仲启、陈海松执笔；实践案例篇：第四章，张莉等执笔；第五章，杨萍、刘小珍执笔；第六章，孙向谦、刘娜执笔；第七章，李琪、李雷鸣、郭电波、施雯雯、张洁、胡静、张玉婷、田平川、刘旭峰执笔。

诚挚感谢上海市哲学社会科学规划办的立项资助。研究工作得到中共上海市杨浦区委原副书记邓小东、杨浦区委宣传部原部长刘东昌、崇明区委宣传部原部长龚朝晖、黄浦区委党校常务副校长陈黎红、徐汇区委党校常务副校长雷振辉等同志的支持与帮助。中共上海市委党校公共管理教研部研究生杨洋、罗志豪同学也为书稿校对提供了帮助，在此表示衷心的感谢。

图书在版编目(CIP)数据

新时代人民城市建设发展的理论与实践/李琪等著
.—上海:上海人民出版社,2023
ISBN 978-7-208-18648-4

Ⅰ.①新… Ⅱ.①李… Ⅲ.①城市建设-研究-中国
Ⅳ.①F299.21

中国国家版本馆 CIP 数据核字(2023)第 215957 号

责任编辑 郭敬文
封面设计 汪 昊

新时代人民城市建设发展的理论与实践
李 琪 等著

出 版 上海人民出版社
(201101 上海市闵行区号景路 159 弄 C 座)
发 行 上海人民出版社发行中心
印 刷 上海新华印刷有限公司
开 本 787×1092 1/16
印 张 15
插 页 4
字 数 152,000
版 次 2023 年 12 月第 1 版
印 次 2023 年 12 月第 1 次印刷
ISBN 978-7-208-18648-4/D·4238
定 价 68.00 元